Dein Weg zu einem neuen Ich

Denke darüber nach

Das Glück beginnt in dir
&
nicht außerhalb

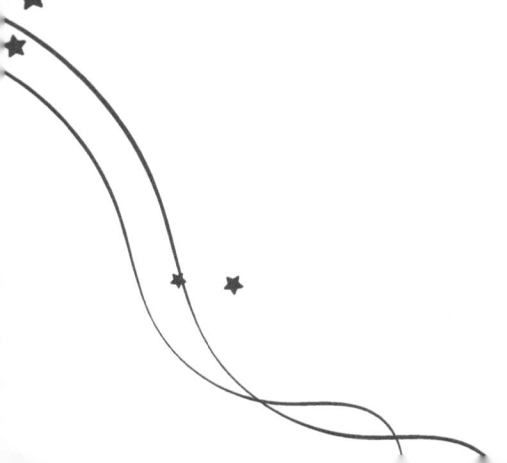

Dein Weg zu einem neuen Ich
Körper, Geist und Seele im Einklang

S. Dulcamara

Impressum

Dein Weg zu einem neuen Ich
Körper, Geist und Seele im Einklang
© 2025 S. Dulcamara

Veröffentlicht unter dem Pseudonym S. Dulcamara
Alle Rechte vorbehalten. Kein Teil dieses Buches darf ohne schriftliche
Genehmigung der Autorin vervielfältigt, verbreitet oder in irgendeiner
Form reproduziert werden, außer für kurze Zitate in Buchrezensionen
oder Artikeln.
Bibliografische Information der Deutschen Nationalbibliothek:
Die Deutsche Nationalbibliothek verzeichnet diese Publikation in der Deutschen Nationalbibliografie;
detaillierte bibliografische Daten sind im Internet über https://dnb.dnb.de abrufbar.
Text- und Data-Mining-Hinweis gemäß §44b UrhG:
Die automatisierte Analyse des Werkes, um daraus Informationen insbesondere über Muster, Trends und
Korrelationen zu gewinnen, ist untersagt.
Druck: Libri Plureos GmbH, Friedensallee 273, 22763 Hamburg
Verlag: BoD · Books on Demand GmbH,
Überseering 33, 22297 Hamburg, bod@bod.de
ISBN: 978-3-8192-7814-3
Cover-Design: S. Dulcamara
Lektorat/Korrektorat: Selbstlektorat

Einleitung

Willkommen zu deinem ganz persönlichen
Abenteuer! Dein 30-Tage-Programm für
gesundes Abnehmen und Fitness von zu Hause
wartet darauf, dich Schritt für Schritt zu
begleiten und dein Leben positiv zu verändern.
Dieses Buch ist für alle, die einen gesunden
Lebensstil erreichen möchten, ohne teure
Fitnessstudios oder komplizierte
Ernährungspläne. Egal, ob du Einsteiger bist
oder eine neue, effektive Methode suchst, um
deine Ziele zu erreichen – hier findest du alles,
was du brauchst!

Falls dir ein Rezept nicht gefallen sollte, dann
suche dir eins aus einen andren Tag heraus..

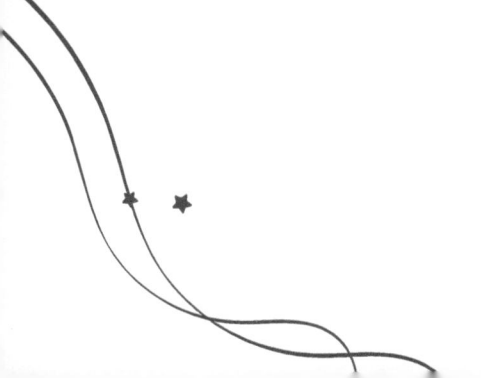

Inhaltsverzeichnis

Dein Weg zu einem gesünderen Ich

Wir leben in einer Welt voller Herausforderungen, die oft unseren Fokus und unsere Motivation auf die Probe stellen. Doch genau hier setzt dieses Buch an: Es zeigt dir, wie einfach es sein kann, gesunde Gewohnheiten aufzubauen und nachhaltig beizubehalten. Hier ein kurzer Überblick, was dich erwartet:

✔ Ein strukturierter 30-Tage-Plan mit wöchentlichen Mahlzeiten und Workouts

✔ Leckere, einfache Rezepte – gluten-, kuhmilchfrei und nährstoffreich

✔ Fitness ohne Geräte – effektive Workouts für zu Hause mit minimalen Hilfsmitteln

✔ Mentale Stärkung – Meditation, Affirmationen und Vision Boards für deine Motivation

Einfache & effektive Umsetzung

Alle Rezepte und Übungen sind leicht umsetzbar und für jeden geeignet. Die Zutaten bekommst du in jedem Supermarkt, und für das Training brauchst du kaum Hilfsmittel. Du wirst keine teuren Fitnessgeräte oder komplizierten Ernährungspläne brauchen – nur deine Entschlossenheit und die Freude daran, etwas für dich selbst zu tun!

Am Ende dieser 30 Tage wirst du nicht nur sichtbare Fortschritte erzielen, sondern dich auch mental gestärkt und voller Energie fühlen. Dieses Buch ist dein Begleiter auf dem Weg zu einem gesunden und ausgeglichenen Lebensstil.

Nachhaltige Ergebnisse statt schneller Diäten

Es gibt unzählige Programme und Diäten,

die schnelle Ergebnisse versprechen, aber oft schwer im Alltag umzusetzen sind oder langfristig scheitern. Dieses Buch verfolgt einen anderen Ansatz: Eine alltagstaugliche, realistische und nachhaltige Herangehensweise, die sich deinem Leben anpasst – nicht umgekehrt.

Hier geht es nicht nur darum, Gewicht zu verlieren, sondern vor allem darum, deinen Körper zu stärken, Heißhungerattacken vorzubeugen und langfristige Erfolge zu erzielen.

Warum ist nährstoffreiche Ernährung so wichtig?

Eine ausgewogene Ernährung ist der Schlüssel zu einem gesunden, energiegeladenen Leben.

Hier sind die wichtigsten Vorteile:

✔ Mehr Energie: Vollwertige Lebensmittel liefern nachhaltige Energie, ohne Blutzuckerschwankungen.

✔ Starkes Immunsystem: Obst und Gemüse enthalten wertvolle Antioxidantien und Vitamine.

✔ Muskelaufbau & Regeneration: Proteine und gesunde Fette unterstützen deinen Körper optimal.

✔ Mentale Stärke: Nährstoffe wie Omega-3, B-Vitamine und Magnesium fördern deine Konzentration und können Stress reduzieren.

Tipps für eine nährstoffreiche Ernährung

Eine gesunde Ernährung muss weder kompliziert noch langweilig sein.

Hier sind einige einfache Umstellungen:

✔ Glutenfrei: Weizen durch Quinoa, Hirse, Buchweizen oder glutenfreie Haferflocken ersetzen.
✔ Kuhmilchfrei: Pflanzliche Milchalternativen wie Mandel-, Hafer- oder Kokosmilch nutzen.
✔ Fleischfrei: Eiweiß aus Linsen, Kichererbsen, Tofu oder Nüssen beziehen.
✔ Natürliche Lebensmittel bevorzugen: Frisches Obst, Gemüse, Vollkornprodukte und gesunde Fette in die Ernährung integrieren.

Bewegung macht den Unterschied

Regelmäßige Bewegung ist essenziell, um fit zu bleiben und dein Wohlbefinden zu steigern.

Hier sind einige Grundregeln:

- Aufwärmen (5–10 Minuten): Vermeidet Verletzungen und bereitet den Körper auf das Training vor.
- Krafttraining: Setze auf Eigengewichtsübungen wie Kniebeugen, Liegestütze und Planks.
- Ausdauer: 2–3 Mal pro Woche leichte Cardio-Einheiten wie Spazierengehen oder Radfahren.
- Cool-down & Dehnen: Fördert Regeneration und Flexibilität.
- Regelmäßigkeit: Selbst kurze Einheiten bringen viel, wenn sie konsequent durchgeführt werden.

Nahrungsergänzungsmittel

Wenn du dich hauptsächlich pflanzlich ernährst, könnten folgende Nährstoffe wichtig sein:

✓ Vitamin D+K: Fördert Knochengesundheit & Immunabwehr.
✓ Vitamin B12: Wichtig für Nerven und Energiestoffwechsel.
✓ Omega-3: Unterstützt Herz & Gehirn.

Tipp: Sprich mit einem Arzt oder Ernährungsberater, falls du unsicher bist, welche Supplemente du benötigst.

Mentale Stärke: Dein Mindset entscheidet

Neben Körper und Ernährung spielt auch deine mentale Einstellung eine entscheidende Rolle.

Diese Methoden helfen dir, motiviert zu bleiben:

✓ Meditation: 5–10 Minuten täglich können Stress reduzieren und Fokus stärken.

✓ Affirmationen: Positive Glaubenssätze wie „Ich bin stark und voller Energie" unterstützen dein Mindset.

✓ Vision Boards: Erstelle eine Collage aus Bildern und Zielen, die dich inspirieren.

Dein 30-Tage-Plan: Struktur & Motivation

Woche 1: Die Basis schaffen

- Einfache, nährstoffreiche Rezepte
- Leichte Workouts zur Gewöhnung
- Erste mentale Übungen

Woche 2: Routine festigen

- Mehr Abwechslung in den Rezepten
- Intensivere Fitnessübungen
- Visualisierung deiner Fortschritte

Woche 3: Stärke entwickeln

- Herausfordernde Rezepte & Workouts
- Fokussierte mentale Strategien

Woche 4: Gewohnheiten festigen

- Nachhaltige Umsetzung für deinen Alltag
- Langfristige Motivation & Anpassungen

Affirmationen – Die Kraft der positiven Worte

Hast du schon einmal bemerkt, wie sehr deine Gedanken deine Stimmung und dein Verhalten beeinflussen? Vielleicht hattest du einen schlechten Tag und alles schien noch schlimmer zu werden, je mehr du dich darauf konzentriert hast. Oder du hast dir vor einer wichtigen Aufgabe gesagt: „Ich schaffe das!" – und plötzlich fiel dir alles leichter. Genau hier setzen Affirmationen an.

Was sind Affirmationen?

Affirmationen sind positive, selbstbestärkende Sätze, die du bewusst wiederholst, um dein Denken, deine Gefühle und letztlich auch dein Verhalten zu beeinflussen. Sie helfen dir, negative Glaubenssätze zu durchbrechen und durch neue, stärkende Überzeugungen zu ersetzen.
Ein einfaches Beispiel:
✗ „Ich bin nicht gut genug."   ersetze es durch „Ich bin wertvoll und voller Potenzial."

Wie funktionieren Affirmationen?

Unsere Gedanken formen unser Leben. Was wir uns regelmäßig sagen, beeinflusst unser Unterbewusstsein – und das bestimmt, wie wir uns fühlen und handeln. Negative Gedanken schwächen uns, während positive uns stärken.
Stell dir dein Gehirn wie einen Garten vor:

- Negative Gedanken sind Unkraut, das sich ausbreitet, wenn du nichts dagegen tust.
- Affirmationen sind Samen für schöne, starke Pflanzen. Je öfter du sie ließt (also wiederholst), desto tiefer wachsen ihre Wurzeln in dein Denken.

Warum wirken Affirmationen?

Affirmationen helfen dir, dein Mindset Schritt für Schritt zu verändern.
Sie: Stärken dein Selbstvertrauen – Wenn du dir sagst „Ich kann das!", wirst du mutiger.
Reduzieren Stress – Positive Worte helfen, Ängste abzubauen und dich zu beruhigen.
Motivieren dich zu neuen Gewohnheiten – „Ich sorge gut für mich" erleichtert eine gesunde Lebensweise.
Fördern eine optimistische Einstellung – Wer sich auf das Gute konzentriert, fühlt sich glücklicher.

Wie nutzt man Affirmationen richtig?

Damit Affirmationen wirklich wirken, gibt es einige Tipps:
Formuliere sie positiv: Sag nicht „Ich bin nicht mehr unsicher", sondern „Ich bin voller Selbstvertrauen".
Wiederhole sie regelmäßig: Am besten täglich – morgens nach dem Aufwachen oder abends vor dem Schlafengehen.
Sprich sie laut oder schreibe sie auf: Das verstärkt ihre Wirkung.
Fühle die Worte: Stell dir beim Sagen vor, wie es sich anfühlt, wenn die Affirmation wahr ist.

Fazit:
Affirmationen sind ein einfaches, aber wirkungsvolles Werkzeug, um dein Denken und dein Leben positiv zu verändern. Sie sind keine Magie, aber sie helfen dir, dich auf das Gute zu fokussieren, dein Selbstbewusstsein zu stärken und dein volles Potenzial zu entfalten.
Probiere es aus – dein Verstand glaubt das, was du ihm oft genug sagst!

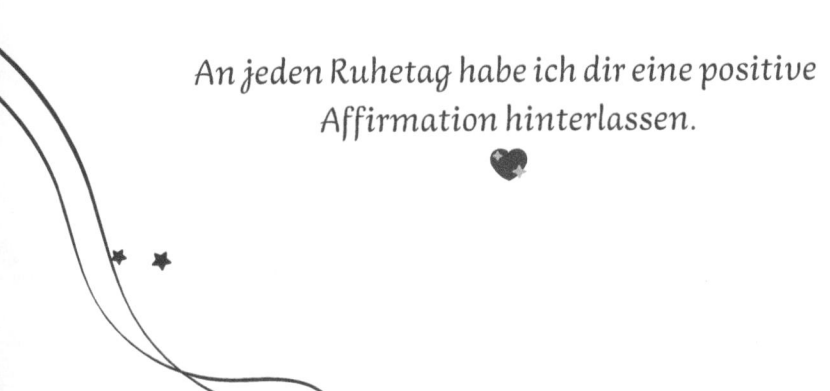

An jeden Ruhetag habe ich dir eine positive
Affirmation hinterlassen.

Woche 1 – Frühstück: Bowl mit Haferflocken und Beeren

Zutaten:
- 50 g glutenfreie Haferflocken
- 200 ml Mandelmilch
- 1 TL Chiasamen
- Eine Handvoll frische Beeren (z. B. Heidelbeeren, Himbeeren)
- 1 TL Ahornsirup
- Eine Prise Zimt

Zubereitung:
Erhitze die Haferflocken zusammen mit der Mandelmilch in einem kleinen Topf bei niedriger Hitze. Rühre dabei ständig um, bis die Mischung 3–5 Minuten cremig wird.
Füge dann Chiasamen, Zimt und Ahornsirup hinzu. Gib alles in eine Schale, garniere es mit den frischen Beeren und genieße den energiegeladenen Start in den Tag

Mittagessen: Quinoa-Gemüse-Bowl

- Zutaten:
- 80 g Quinoa
- 200 ml Gemüsebrühe
- 1 kleine Zucchini
- 1 Karotte
- 1 Paprika (rot oder gelb)
- 1 EL Olivenöl
- 1 TL Kurkuma
- Eine Handvoll frischer Spinat
- 1 TL Sesam

Zubereitung:

Spüle die Quinoa gründlich ab und koche sie in der Gemüsebrühe für etwa 15 Minuten, bis die Flüssigkeit vollständig aufgenommen wurde. Schneide währenddessen Zucchini, Karotte und Paprika in kleine Stücke und brate sie in Olivenöl an. Gib kurz vor Ende den Spinat hinzu und würze mit Kurkuma. Vermische das gebratene Gemüse mit der Quinoa und streue den Sesam darüber.

Linsensuppe mit Kokosmilch

Zutaten:

- 100 g rote Linsen
- 200 ml Kokosmilch
- 200 ml Gemüsebrühe
- 1 kleine Zwiebel
- 1 Knoblauchzehe
- Ein etwa 2 cm großes Stück Ingwer
- 1 TL Curry
- 1 EL Kokosöl

Zubereitung:

Hacke Zwiebel, Knoblauch und Ingwer fein. Erhitze das Kokosöl in einem Topf und dünste die gehackten Zutaten glasig an. Rühre das Curry unter und füge die roten Linsen hinzu. Lösche alles mit Kokosmilch und Gemüsebrühe ab und lasse die Suppe ca. 20 Minuten köcheln, bis die Linsen weich sind. Schmecke mit Salz und Pfeffer ab und serviere die wärmende Suppe.

Workout-Tag 1:

🕐 Dauer: ca. 20-30 Min.
Jeweils 3 Runden

Aufwärmen:
10 Minuten (z.B.
Hampelmänner oder
auf der Stelle joggen

Übung 1
15 Kniebeugen

Startposition:
Stelle die Füße
schulterbreit auf,
halte und beuge
die Knie langsam,
bis die
Oberschenkel
parallel zum
Boden sind.

Übung 2:
10 Liegestütze
Startposition: Platziere die Hände
schulterbreit, spanne den Core an und
senke deinen Oberkörper langsam ab.

Übung 3:
Plank

Startposition: Auf die
Unterarme stützen, Ellbogen
unter den Schultern.
Bewegung: Körper in einer
geraden
Linie halten, Bauch und
Gesäß anspannen.
Spannung für 20 Sekunden
halten

Übung 4:
10 Bird-Dog

Startposition: Gehe in den Vierfüßlerstand, Hände
unter den Schultern, Knie unter den Hüften.
Bewegung: Strecke gleichzeitig einen Arm nach
vorne und das gegenüberliegende Bein nach
hinten aus. Halte kurz die Spannung.
Rückkehr: Kehre kontrolliert in die
Ausgangsposition zurück und wechsle zur
anderen Seite.

Tag 2 – Frühstück:
Chia-Pudding mit Mango

- Zutaten:
- 3 EL Chiasamen
- 200 ml Kokosmilch
- 1 TL Ahornsirup
- ½ reife Mango

Zubereitung:
Vermische die Chiasamen mit der Kokosmilch und dem Ahornsirup in einem Glas. Lasse die Mischung mindestens 4 Stunden oder über Nacht im Kühlschrank quellen. Schneide die Mango in kleine Stücke und serviere sie frisch über dem Pudding.

Mittagessen: Gemüsepfanne

mit Tofu

- Zutaten:
- 150 g Tofu (natur oder geräuchert)
- 1 Paprika (rot oder grün)
- 100 g Champignons
- 1 Frühlingszwiebel
- 1 EL glutenfreie Sojasauce
- 1 EL Olivenöl
- Eine Handvoll Rucola

Zubereitung:

Würfle den Tofu und brate ihn in Olivenöl an, bis er leicht gebräunt ist. Schneide Paprika, Champignons und Frühlingszwiebel in kleine Stücke und füge sie zum Tofu hinzu. Brate alles zusammen für 5-7 Minuten und würze mit glutenfreier Sojasauce. Serviere das Gericht auf einem Bett aus frischem Rucola.

Abendessen: Süßkartoffel aus dem Ofen mit Avocado-Dip

Zutaten:

- 1 große Süßkartoffel
- 1 Avocado
- 1 Knoblauchzehe
- 1 TL Zitronensaft
- 1 EL Olivenöl
- Salz und Pfeffer

Zubereitung:
Halbiere die Süßkartoffel längs und bestreiche die
Schnittflächen mit Olivenöl. Backe die Hälften bei 200 °C
(Ober-/Unterhitze) für etwa 30 Minuten, bis sie weich sind.
Bereite in der Zwischenzeit einen cremigen Dip zu, indem du
die Avocado zusammen mit Knoblauch, Zitronensaft, Salz
und Pfeffer pürierst.
Serviere die gebackene Süßkartoffel mit dem Avocado-Dip
als köstlichen Abschluss des Tages.

Workout-Tag 2:
🕐 Dauer: ca. 20-30 Min.
Jeweils 3 Runden

Aufwärmen:
5 Minuten Seilspringen
oder leichtes Joggen

Übung 1
12 Ausfallschritte (12 pro Bein, optional mit Zusatzgewicht)
Startposition: Stehe aufrecht, Füße hüftbreit, evtl. mit Zusatzgewicht in den Händen.
Bewegung: Einen großen Schritt nach vorne machen, hinteres Knie Richtung Boden senken.
Rückkehr: Mit Kraft aus dem vorderen Bein zurück in die Ausgangsposition.

Übung 2
15 Russian Twists (mit oder ohne Gewicht)

Startposition: Setze dich, lehne den Oberkörper leicht zurück und hebe die Füße an. Halte ein Gewicht vor der Brust und drehe den Oberkörper langsam von Seite zu Seite. Halte den Rücken gerade und spanne den Core an.

Übung 3
Plank
Startposition: Auf die Unterarme stützen, Ellbogen unter den Schultern. Bewegung: Körper in einer geraden Linie halten, Bauch und Gesäß anspannen.
Spannung für 30 Sekunden halten.

Übung 4
15 Mountain Climbers

Startposition: Liegestützposition mit gestrecktem Körper. Bewegung: Abwechselnd die Knie in Richtung Brust ziehen, als ob du auf der Stelle rennen würdest. Tempo: Kontrolliert starten, dann Geschwindigkeit steigern.

Tag 3 – Frühstück: Smoothie-Bowl mit Banane und Spinat

Zutaten:
- 1 reife Banane
- Eine Handvoll frischer Spinat
- 200 ml Mandelmilch
- 1 EL Mandelmus
- 1 TL Chiasamen
- 1 TL Kakaonibs (optional)

Zubereitung:
Püriere die Banane, den Spinat, die Mandelmilch und das Mandelmus zu einer cremigen Masse. Fülle den Smoothie in eine Schale, streue Chiasamen und (wenn gewünscht) Kakaonibs darüber und genieße einen nährstoffreichen Start in den Tag.

Mittagessen: Kichererbsensalat mit Tahini-Dressing

- **Zutaten:**
- **200 g gekochte Kichererbsen**
- **1 kleine Gurke**
- **10 Cherrytomaten**
- **1 EL Tahini**
- **1 TL Zitronensaft**
- **1 TL Olivenöl**
- **Salz und Pfeffer**

Zubereitung:
Spüle die Kichererbsen ab und vermische sie mit
klein gewürfelter Gurke und halbierten
Cherrytomaten. Bereite ein cremiges Dressing aus
Tahini, Zitronensaft, Olivenöl, Salz und Pfeffer zu
und mische es unter den Salat.

Abendessen: Würziger Blumenkohlreis mit Erbsen & Ingwer

Zutaten:

- 1 kleiner Blumenkohl (zum Reis verarbeitet)
- 100 g tiefgekühlte Erbsen
- 1 Frühlingszwiebel, fein geschnitten
- 1 EL glutenfreie Sojasauce
- 1 TL Sesamöl
- 1 TL frisch geriebener Ingwer
- 1 TL Tahin oder Mandelmus (für cremige Note)
- Saft von ¼ Limette oder Zitrone
- Prise Kurkuma oder Curry (optional für Farbe & Geschmack)
- Salz & Pfeffer nach Geschmack
- Optional: gerösteter Sesam oder gehackte Cashews als Topping

Zubereitung:

Blumenkohl in einer Küchenmaschine oder per Hand fein reiben. In einer Pfanne Sesamöl erhitzen, Frühlingszwiebel und Ingwer kurz anbraten. Blumenkohlreis dazugeben und 3-5 Minuten unter Rühren garen. Erbsen, Sojasauce, Tahin und ggf. Kurkuma hinzufügen. Mit Zitronensaft, Salz und Pfeffer abschmecken. Optional mit Sesam oder Cashews toppen.

Tag 3 – Ruhetag.

Mache einen Spaziergang oder fahre Fahrrad

Aufgabe: Erstelle ein Vision Board

Affirmation für dich: Ich setze mir klare Ziele und erreiche sie mit Leichtigkeit.

25

Vision Board: Dein persönlicher Fahrplan zur Selbstverwirklichung

Ein Vision Board ist eine visuelle Darstellung deiner Ziele und Träume. Es dient als tägliche Erinnerung daran, was du erreichen möchtest, und motiviert dich, konsequent an deinen Zielen zu arbeiten.

So erstellst du dein eigenes Vision Board:

1. Materialien sammeln: Besorge dir ein großes Poster oder eine Korkwand, Schere, Kleber, Stifte und alte Zeitschriften oder Ausdrucke.
2. Ziele definieren: Überlege dir, welche Lebensbereiche du auf deinem Vision Board visualisieren möchtest – z. B. Gesundheit, Fitness, Beruf, persönliche Entwicklung oder Reisen.
3. Bilder & Worte sammeln: Suche nach inspirierenden Bildern, Zitaten oder Stichwörtern, die deine Wünsche und Ziele widerspiegeln.
4. Gestalten & kreativ werden: Klebe die ausgeschnittenen Bilder und Wörter auf dein Board und arrangiere sie so, dass sie dich täglich motivieren.
5. Platzieren & nutzen: Hänge dein Vision Board an einem Ort auf, an dem du es jeden Tag siehst – z. B. im Schlafzimmer oder Arbeitsbereich.

Tipp:

Ergänze dein Vision Board regelmäßig, um neue Ziele aufzunehmen oder bereits erreichte Erfolge zu feiern.

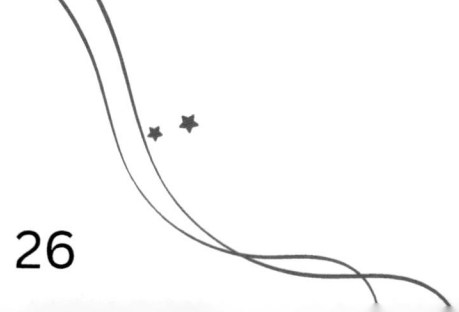

Tag 4 – Frühstück: Overnight - Oats mit Apfel und Zimt

- Zutaten:
- 50 g glutenfreie Haferflocken
- 150 ml Kokosmilch
- ½ geriebener Apfel
- 1 TL Zimt
- 1 TL gehackte Walnüsse

Zubereitung:
Vermische die Haferflocken, die Kokosmilch, den geriebenen Apfel und den Zimt in einem Glas oder einer Schüssel. Lasse die Mischung über Nacht im Kühlschrank quellen.
Am Morgen mit den gehackten Walnüssen bestreuen und genießen.

Mittagessen: Curry mit Süßkartoffeln und Spinat

Zutaten:
- 1 kleine Süßkartoffel (geschält und gewürfelt)
- 100 g frischer Spinat
- 200 ml Kokosmilch
- 1 TL Currypaste
- 1 EL Olivenöl

Zubereitung:
Brate die gewürfelte Süßkartoffel in Olivenöl an, bis sie leicht gebräunt ist. Rühre die Currypaste unter, gieße dann die Kokosmilch hinzu und lasse alles etwa 10 Minuten köcheln, bis die Süßkartoffel weich ist. Kurz vor Ende den frischen Spinat untermischen und mit Salz und Pfeffer abschmecken.

Abendessen: Gefüllte Paprika

mit Quinoa

Zutaten:
- 2 große Paprika
- 80 g Quinoa
- 1 kleine Zucchini (in kleine Würfel geschnitten)
- 1 EL Tomatenmark
- 1 TL Olivenöl
- Salz und Pfeffer

Zubereitung:

Koche die Quinoa in Gemüsebrühe oder Wasser, bis sie gar ist. Schneide währenddessen die Zucchini in kleine Würfel und brate sie in Olivenöl kurz an.

Mische das Tomatenmark unter die gekochte Quinoa und hebe die gebratenen Zucchini unter. Höhle die Paprika aus, fülle sie mit der Quinoa-Mischung und backe sie bei 180 °C für etwa 15–20 Minuten.

Workout-Tag 4:
🕐 Dauer: ca. 20-30 Min.
Jeweils 3 Runden

Aufwärmen:
5 Minuten Seilspringen
oder leichtes Joggen

Übung 1
12 Kreuzheben (, z. B. mit Wasserflaschen)
Startposition: Stehe aufrecht, Füße hüftbreit, Gewicht in beiden Händen. Mit geradem Rücken aus der Hüfte nach vorne beugen, Gewicht Richtung Boden senken. Mit angespanntem Rumpf und geradem Rücken in die aufrechte Position zurückkommen.
Tipp: Knie leicht gebeugt halten, Rücken gerade lassen.

Übung 2
10 Trizeps-Dips an einem Stuhl
Startposition: Hände schulterbreit auf einer stabilen Kante (z. B. Stuhl oder Bank) abstützen, Beine nach vorne ausstrecken. Bewegung: Ellbogen beugen und den Körper langsam absenken, bis die Arme etwa 90° gebeugt sind. Rückkehr: Mit Kraft aus den Armen wieder nach oben drücken.

Übung 3
10 Bird-Dog

Startposition: Gehe in den Vierfüßlerstand, Hände unter den Schultern, Knie unter den Hüften.
Bewegung: Strecke gleichzeitig einen Arm nach vorne und das gegenüberliegende Bein nach hinten aus. Halte kurz die Spannung .Kehre kontrolliert in die Ausgangsposition zurück und wechsle zur anderen Seite.

Übung 4
10 Burpees für die Ausdauer

Startposition: Stehe aufrecht, Füße schulterbreit auseinander.
In die Hocke gehen: Hände auf den Boden setzen.
Explosiver Sprung: Kraftvoll nach oben springen.

Tag 5 – Frühstück: Porridge mit Birne und Nüssen

Zutaten:

- 50 g glutenfreie Haferflocken
- 200 ml Mandelmilch
- 1 kleine Birne (in Scheiben geschnitten)
- 1 TL gehackte Nüsse (z. B. Walnüsse)
- Eine Prise Zimt

Zubereitung:

Koche die Haferflocken zusammen mit der Mandelmilch in einem Topf auf und lasse sie 3-5 Minuten köcheln, bis das Porridge cremig wird. Richte das Porridge in einer Schale an, garniere es mit Birnenscheiben, Nüssen und einer Prise Zimt.

Mittagessen: Zoodles mit Avocado-Pesto

Zutaten:

- 2 Zucchini (mit einem Spiralschneider zu Nudeln verarbeitet)
- 1 reife Avocado
- 1 Knoblauchzehe
- 1 EL Zitronensaft
- 1 EL Olivenöl
- Salz und Pfeffer

Zubereitung:

Püriere die Avocado zusammen mit Knoblauch, Zitronensaft, Olivenöl, Salz und Pfeffer zu einem cremigen Pesto.

Vermenge die Zucchini-Nudeln mit dem Avocado-Pesto und serviere das Gericht frisch.

Tipp: Für noch mehr Geschmack kannst du frische Kräuter wie Basilikum oder Petersilie untermischen. Ein paar halbierte Cherrytomaten als Topping runden das Gericht perfekt ab.

Abendessen: Ofengemüse mit Kichererbsen

Zutaten:

- 1 Süßkartoffel (in Würfel geschnitten)
- 1 Karotte (in Scheiben oder Stifte geschnitten)
- 1 Paprika (in Streifen geschnitten)
- 100 g gekochte Kichererbsen
- 1 EL Olivenöl
- 1 TL Paprikapulver
- Salz und Pfeffer

Zubereitung:

Vermenge das geschnittene Gemüse und die Kichererbsen mit Olivenöl, Paprikapulver, Salz und Pfeffer.

Verteile die Mischung auf einem Backblech und backe das Ofengemüse bei 200 °C für etwa 25 Minuten, bis das Gemüse weich und leicht gebräunt ist.

Workout-Tag 5:
🕐 Dauer: ca. 20-30 Min.
Jeweils 2 Runden

Aufwärmen:
5 Minuten Seilspringen
oder leichtes Joggen

Übung 1
10 Seitstütz-Hüftheben pro Seite

Startposition: Seitlich auf den Unterarm stützen, Beine gestreckt. Hüfte anheben, bis der Körper eine Linie bildet. Hüfte langsam senken, ohne abzulegen, dann wieder anheben. Core anspannen, Rücken gerade halten.

Übung 2
12 Sit-ups mit langsamer Kontrolle

Startposition: Auf den Rücken legen, Beine angewinkelt, Füße flach auf dem Boden.
Bewegung: Oberkörper langsam nach oben rollen, bis die Schultern vom Boden abheben.
Rückkehr: Kontrolliert zurück in die Ausgangsposition.

Übung 3
10 Kettlebell Swings
Startposition: Schulterbreiter Stand, Kettlebell mit beiden Händen halten.
Bewegung: Hüfte nach hinten schieben, Kettlebell auf Brusthöhe schwingen. Kontrolliert zurückschwingen, Bewegung wiederholen. Tipp: Kraft aus der Hüfte, Rücken gerade, Core angespannt! Tipp: Ein robuster Stoffbeutel mit Sand oder Steinen kann ein gutes Gewicht bieten.

Übung 4
30 Sekunden Plank mit Beinheben (abwechselnd)

Startposition: Auf die Unterarme stützen, Ellbogen unter den Schultern. Körper in einer geraden Linie halten, Bauch und Gesäß anspannen. Spannung für 30 Sekunden halten.

Tag 6 – Frühstück: Smoothie mit Beeren und Spinat

Zutaten:

- Eine Handvoll gemischte Beeren (frisch oder gefroren)
- Eine Handvoll frischer Spinat
- 200 ml Kokoswasser
- 1 EL Leinsamen
- 1 TL Ahornsirup

Zubereitung:
Gib alle Zutaten in einen Mixer und püriere sie, bis der Smoothie schön cremig ist.
Fülle den Smoothie in ein Glas und genieße den fruchtig-frischen Start in den Tag.

Mittagessen: Gemüse-Curry mit Basmatireis

Zutaten:

- 80 g Basmatireis
- 1 kleine Zucchini (gewürfelt)
- 1 Karotte (in Scheiben)
- 1 kleine Zwiebel (fein gehackt)
- 1 EL Currypaste
- 200 ml Kokosmilch
- 1 EL Kokosöl

Zubereitung:

Koche den Basmatireis nach Packungsanweisung.
In der Zwischenzeit erhitze das Kokosöl in einer Pfanne, gib die gehackte Zwiebel, Karotte und Zucchini hinzu und brate sie leicht an.
Rühre die Currypaste ein, füge dann die Kokosmilch hinzu und lasse alles für etwa 10 Minuten köcheln.
Serviere das Gemüse-Curry zusammen mit dem Reis.

Abendessen: Ofengemüse mit Tahinidressing

Zutaten:
- 1 Aubergine (in Scheiben geschnitten)
- 1 EL Olivenöl
- 1 EL Tahini
- 1 TL Zitronensaft
- Eine Prise Kreuzkümmel
- Salz und Pfeffer

Zubereitung:
Bestreiche die Auberginenscheiben leicht mit Olivenöl und grille sie im Ofen oder in einer Grillpfanne, bis sie weich und leicht gebräunt sind.
Für den Dip verrühre Tahini mit Zitronensaft, Kreuzkümmel, Salz und Pfeffer – bei Bedarf etwas Wasser hinzufügen, um eine cremige Konsistenz zu erreichen.
Serviere die Aubergine mit dem Tahini-Dip als köstlichen Abschluss des Tages.

Tag 6 – Ruhetag

Mache einen Spaziergang oder lockeres Radfahren

Aufgabe: Dankbarkeit
Schreibe drei Dinge auf, für die du heute dankbar bist.
Notiere einen kleinen Erfolg, den du heute feiern kannst.
Affirmation für dich: Jeder kleine Fortschritt bringt mich meinem
Traum näher.

Platz für deine Dankbarkeit

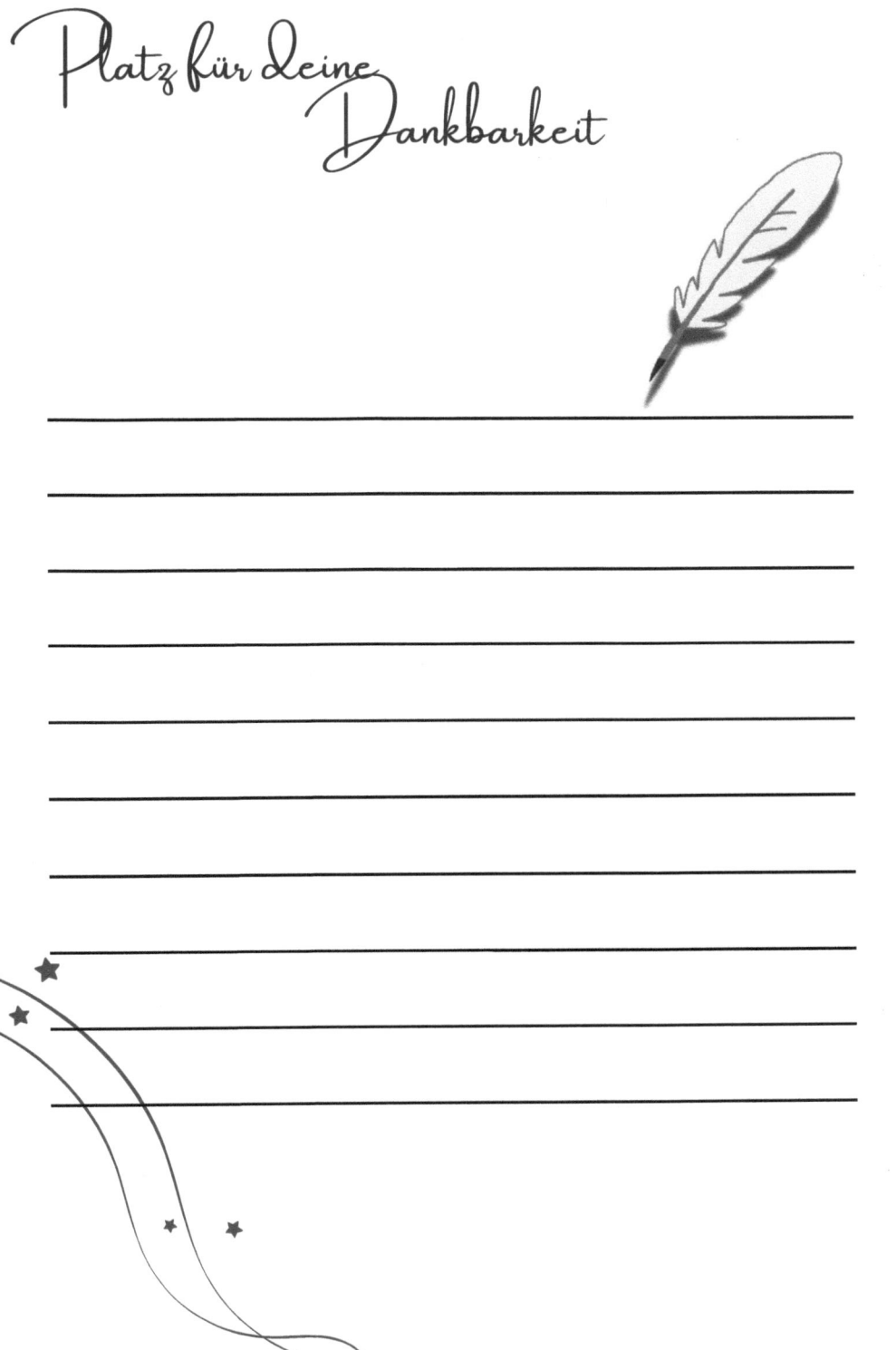

Tag 7 – Frühstück: Pancakes mit Kokosmehl

Zutaten:

- 1 reife Banane
- 2 Eier
- 60 g glutenfreies Mehl (z. B. Hafermehl oder Mandelmehl)
- 1 TL Backpulver
- ½ TL Zimt oder Vanilleextrakt
- 1 TL Ahornsirup oder Honig
- Etwas Öl zum Ausbacken
- Eine Handvoll Frisches Obst

Optionale Milchzugabe:

- 30-50 ml pflanzliche Milch
- Wenn du ein eher dickeres Ergebnis möchtest, weniger Milch nehmen.

Tipp: Falls der Teig nach Zugabe von Milch zu flüssig wird, einfach noch 1 EL glutenfreies Mehl dazugeben.

Zubereitung:

Banane in einer Schüssel mit einer Gabel zerdrücken. Eier, Mehl, Backpulver und Zimt/Vanille dazugeben und alles zu einem glatten Teig verrühren.
Eine beschichtete Pfanne leicht einfetten (z. B. mit Kokosöl oder neutralem Pflanzenöl). Kleine Pancakes aus dem Teig formen und bei mittlerer Hitze ca. 2-3 Minuten pro Seite goldbraun backen.
Pancakes mit frischen Beeren garnieren und nach Wunsch mit Ahornsirup oder etwas Joghurt servieren.

Mittagessen: Linsensalat mit Cranberries

Zutaten:

- 150 g gekochte grüne Linsen
- Getrocknete Cranberries
- 1 kleine rote Zwiebel (fein gehackt)
- Eine Handvoll frische Petersilie (gehackt)
- 1 EL Zitronensaft
- 1 EL Olivenöl
- Salz und Pfeffer

Zubereitung:
Vermenge die abgekühlten Linsen mit den getrockneten Cranberries, der roten Zwiebel und der Petersilie.
Verfeinere den Salat mit Zitronensaft, Olivenöl, Salz und Pfeffer.
Tipp: Eine Mischung aus Cranberries und gehackten Walnüssen – das gibt Süße, Saure und Crunch!

Abendessen: Suppe mit Karotte und Ingwer

Zutaten:

- 3 Karotten (in Scheiben oder Würfel geschnitten)
- Ein etwa 2 cm großes Stück Ingwer (fein gehackt)
- 500 ml Gemüsebrühe
- 1 EL Kokosöl
- Salz und Pfeffer

Zubereitung:

Erhitze das Kokosöl in einem Topf und brate die Karotten zusammen mit dem Ingwer kurz an.
Gieße die Gemüsebrühe dazu und lasse alles etwa 15 Minuten köcheln, bis die Karotten weich sind.
Püriere die Suppe, schmecke sie mit Salz und Pfeffer ab und serviere sie warm.
Tipp: Falls du es etwas sämiger magst, kannst du einen kleinen Teil der Karotten pürieren und wieder in die Suppe zurückgeben. So erhältst du eine cremigere Konsistenz, ohne Sahne zu verwenden.

Tag 7 – Ruhetag

Mache einen Spaziergang oder lockeres Radfahren

Aufgabe: Selbstreflexion

Affirmation für dich: Ich bin diszipliniert und voller Durchhaltevermögen auf meinem Weg zum Erfolg.

Reflexionsfragen:
Dein persönlicher Fortschritts-Check

Selbstreflexion ist ein mächtiges Werkzeug, um aus Erfahrungen zu lernen, Herausforderungen zu meistern und langfristig motiviert zu bleiben

.

Nimm dir jede Woche oder einmal im Monat Zeit, um über folgende Fragen nachzudenken:

Erfolg & Fortschritt:

- Welche Erfolge habe ich diese Woche / diesen Monat erreicht?
- Was hat besonders gut funktioniert?
- Verbesserung & Lernen:
- Was kann ich noch optimieren?
- Welche Herausforderungen habe ich gemeistert, und wie bin ich damit umgegangen?
- Selbstwahrnehmung & Gefühl:
- Wie fühle ich mich körperlich und mental im Vergleich zu Beginn meiner Reise?
- Welche kleinen Veränderungen könnte ich vornehmen, um meinen Zielen noch näher zu kommen?
- Tipp: Notiere deine Antworten in einem Tagebuch. Dies hilft dir, deine Entwicklung sichtbar zu machen und stärkt deine Selbstmotivation.

Motivationsstrategien – So bleibst du am Ball!

Manchmal fehlt die Energie oder die Lust, dranzubleiben – das ist völlig normal! Doch mit den richtigen Strategien kannst du deine Motivation gezielt stärken und kontinuierlich an deinen Zielen arbeiten.

1. Setze realistische Ziele

Zu große Ziele können überwältigend sein. Teile sie in kleine, erreichbare Schritte auf. Beispiel: Statt „Ich will fitter werden" sagst du „Ich schaffe in 4 Wochen 10 Liegestütze am Stück."

2. Führe ein Trainingstagebuch

Dein Fortschritt ist oft größer, als du denkst! Halte deine Trainingseinheiten fest, um zu sehen, wie du dich steigerst. Das steigert dein Selbstvertrauen und hält dich motiviert.

3. Belohne dich für Erfolge

Gönn dir nach einer guten Trainingswoche eine kleine Belohnung – ein entspannendes Bad, eine Massage oder dein Lieblingssmoothie. Belohnungen helfen, neue Gewohnheiten positiv zu verknüpfen.

4. Trainiere mit Musik

Dynamische Musik kann wahre Wunder wirken! Sie pusht deine Laune und verbessert deine Leistungsfähigkeit. Erstelle eine Playlist mit Songs, die dich antreiben.

5. Visualisiere deinen Erfolg

Dein Geist ist dein stärkster Verbündeter! Stell dir regelmäßig vor, wie du stärker, fitter und gesünder wirst. Dieses mentale Training kann dir helfen, motiviert zu bleiben und an dich selbst zu glauben.

Fazit:

Motivation kommt nicht von allein – aber du kannst sie gezielt stärken. Nutze diese einfachen Strategien, um mit Freude und Energie an deinen Zielen zu arbeiten. Du hast alles, was du brauchst, um erfolgreich zu sein!

Woche 2: Frühstück: Overnight Oats mit Banane und Walnüssen

Zutaten:
- 50 g glutenfreie Haferflocken
- 200 ml Hafermilch
- 1 TL Chiasamen
- ½ Banane, in Scheiben
- 1 EL gehackte Walnüsse
- Eine Prise Zimt

Zubereitung:
Vermische die Haferflocken mit Hafermilch und Chiasamen in einem Glas.
Lasse die Mischung über Nacht im Kühlschrank quellen.
Am Morgen mit Bananenscheiben, gehackten Walnüssen und einer Prise Zimt garnieren.

Mittagessen: Hirse-Gemüse-Pfanne

Zutaten:
- 80 g Hirse
- 200 ml Gemüsebrühe
- 1 Paprika
- 1 Zucchini
- Eine Handvoll grüne Bohnen
- 1 EL Olivenöl
- 1 TL Paprikapulver
- Salz und Pfeffer

Zubereitung:

Koche die Hirse in der Gemüsebrühe, bis sie weich ist. Schneide währenddessen Paprika, Zucchini und grüne Bohnen in mundgerechte Stücke und brate sie in Olivenöl an.
Würze das Gemüse mit Paprikapulver, Salz und Pfeffer und mische die gekochte Hirse unter.

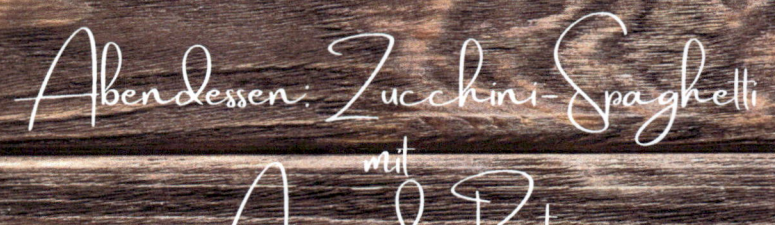

Abendessen: Zucchini-Spaghetti mit Avocado-Pesto

Zutaten:

- 2 Zucchini (mit einem Spiralschneider zu Nudeln verarbeitet)
- 1 reife Avocado
- 1 Knoblauchzehe
- 1 EL Zitronensaft
- 2 EL Olivenöl
- Salz und Pfeffer
- Optional: Eine Handvoll frische Basilikumblätter

Zubereitung:
Püriere die Avocado mit Knoblauch, Zitronensaft, Olivenöl, Salz und Pfeffer zu einem cremigen Pesto.
Mische das Pesto unter die Zucchini-Spaghetti und garniere optional mit frischen Basilikumblättern.

Workout-Tag 1:

🕐 Dauer: ca. 20-30 Min.
Jeweils 3 Runden

Aufwärmen:
10 Minuten (z.B.
Hampelmänner oder
auf der Stelle joggen

Übung 1
10 Liegestütze (auf Knien oder normal)

Platziere die Hände schulterbreit, spanne den
Core an und senke deinen Oberkörper langsam ab.

Übung 2
15 Kniebeugen mit Wasserflaschen

Stelle die Füße schulterbreit auf, halte eine Wasserflasche in jeder Hand und beuge die Knie langsam, bis die Oberschenkel parallel zum Boden sind.

Übung 3
30 Plank mit Schulter-Taps

Halte die Plank-Position stabil, tippe abwechselnd mit einer Hand leicht auf die gegenüberliegende Schulter.

Übung 4
10 Bird-Dog

Startposition: Gehe in den Vierfüßlerstand, Hände unter den Schultern, Knie unter den Hüften.
Bewegung: Strecke gleichzeitig einen Arm nach vorne und das gegenüberliegende Bein nach hinten aus. Halte kurz die Spannung. Kehre kontrolliert in die Ausgangsposition zurück und wechsle zur anderen Seite.

Tag 2 – Frühstück: Beeren-Smoothie

Zutaten:
- 150 g gefrorene Beeren (z. B. Heidelbeeren, Himbeeren)
- 200 ml Mandelmilch
- 1 TL Ahornsirup
- 1 TL Leinsamen

Zubereitung:
Alle Zutaten in einen Mixer geben und zu einem cremigen Smoothie pürieren.
In ein Glas füllen und frisch genießen.

Mittagessen: Gemüsecurry mit Reis

Zutaten:

- 80 g Basmatireis
- 1 kleine Zwiebel
- 1 Knoblauchzehe
- 1 Karotte
- 100 g Blumenkohlröschen
- 1 TL glutenfreie Currypaste
- 200 ml Kokosmilch
- 1 EL Kokosöl
- Frischer Koriander (zum Garnieren)

Zubereitung:

Koche den Basmatireis nach Packungsanweisung.
In einer Pfanne Zwiebel, Knoblauch und Karotte in Kokosöl anbraten.
Füge die Blumenkohlröschen und die Currypaste hinzu, lösche mit Kokosmilch ab und lasse das Curry ca. 15 Minuten köcheln.
Mit frischem Koriander bestreuen und zusammen mit dem Reis servieren.

Abendessen: Süßkartoffel Salat

Zutaten:

- 1 große Süßkartoffel
- Eine Handvoll Rucola
- ½ Avocado, in Würfel
- 1 EL Granatapfelkerne
  Getrocknete
  Cranberries oder
  Kleine Apfelwürfel
- 1 EL Olivenöl
- 1 TL Balsamico-Essig
- Salz und Pfeffer

Zubereitung:
Schäle die Süßkartoffel, schneide sie in Würfel und backe
sie bei 200 °C für ca. 25 Minuten.
Mische die gebackene Süßkartoffel mit Rucola, Avocado
und Granatapfelkernen.
Verfeinere das Ganze mit Olivenöl, Balsamico, Salz und
Pfeffer.
Mein Favorit: Eine Mischung aus Cranberries und
gehackten Walnüssen – das gibt Süße, Säure und Crunch!

Übung 1
12 Ausfallschritte (12 pro Bein, optional mit Zusatzgewicht)
Startposition: Stehe aufrecht, Füße hüftbreit, evtl. mit Zusatzgewicht in den Händen.
Bewegung: Einen großen Schritt nach vorne machen, hinteres Knie Richtung Boden senken.
Rückkehr: Mit Kraft aus dem vorderen Bein zurück in die Ausgangsposition.

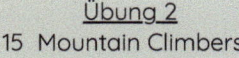

Übung 2
15 Mountain Climbers

In der Liegestütz-Position abwechselnd die Knie dynamisch zur Brust ziehen.

Übung 3
20 Bicycle Crunches
Start: Auf den Rücken legen, Beine angewinkelt anheben, Hände hinter den Kopf.
Bewegung: Rechten Ellenbogen zum linken Knie führen, während das rechte Bein gestreckt wird.
Wechsel: Linken Ellenbogen zum rechten Knie führen, während das linke Bein gestreckt wird.
Tipp: Langsame und kontrollierte Bewegungen für eine bessere Muskelaktivierung.

Übung 4
30 sec, Seitstütz pro Seite

Stütze dich seitlich auf einen Unterarm, Hüfte in der Luft halten, Körper bleibt gestreckt.

Tag 3 - Frühstück: Hirsebrei mit Apfel und Zimt

Zutaten:

- 50 g Hirse
- 200 ml Mandelmilch
- ½ Apfel, in Würfel
- 1 TL Zimt
- 1 TL Ahornsirup

Zubereitung:

Koche die Hirse in der Mandelmilch, bis sie weich und cremig ist.

Hebe die Apfelwürfel und den Zimt unter und süße mit Ahornsirup nach Geschmack.

Mittagessen: Linsensalat
mit Gemüse

Zutaten:

- 100 g grüne oder braune Linsen (gekocht)
- 1 Paprika
- 1 kleine Zucchini
- 1 Frühlingszwiebel
- 1 EL Olivenöl
- 1 TL Zitronensaft
- Salz und Pfeffer

Zubereitung:
Koche die Linsen, bis sie bissfest sind.
Schneide Paprika, Zucchini und Frühlingszwiebel in kleine Stücke und vermische alles.
Schmecke den Salat mit Olivenöl, Zitronensaft, Salz und Pfeffer ab.

Abendessen: Tomaten-Basilikum Quinoa

Zutaten:
- 80 g Quinoa
- 200 g Cocktailtomaten
- Frisches Basilikum
- 1 EL Olivenöl
- 1 TL Balsamico-Crème
- Salz und Pfeffer

Zubereitung:
Koche die Quinoa in Wasser oder Gemüsebrühe.
Halbiere die Cocktailtomaten und vermische sie mit
frischem Basilikum, Olivenöl und Balsamico-Crème.
Hebe die Quinoa unter und schmecke mit Salz und Pfeffer
ab.

Tag 3 – Ruhetag

Endspanne dich!

Aufgabe: Meditation

Eine Affirmation für dich: Ich gebe meinem Körper die Nahrung,
die er braucht, um sich großartig zu fühlen.

Wie wird Meditation ausgeübt?

Meditation ist eine bewusste Achtsamkeitspraxis, die dir hilft, zur Ruhe zu kommen, Stress abzubauen und deine Gedanken zu ordnen.

Hier ist eine einfache Methode für Beginner

- Finde einen ruhigen Ort: Setze oder lege dich an einen bequemen Platz, wo du ungestört bist.
- Nimm eine entspannte Haltung ein: Du kannst aufrecht sitzen (z. B. im Schneidersitz oder auf einem Stuhl) oder dich hinlegen. Halte den Rücken gerade.
- Schließe die Augen & konzentriere dich auf deinen Atem: Atme tief ein und aus, spüre, wie die Luft durch deine Nase strömt.
- Lass Gedanken vorbeiziehen: Falls Gedanken auftauchen, beobachte sie ohne Bewertung und lenke deine Aufmerksamkeit sanft zurück auf den Atem.

Nutze eine einfache Technik:

- Atemfokus: Zähle deine Atemzüge von 1 bis 10 und beginne wieder von vorne.
- Mantra-Meditation: Wiederhole ein beruhigendes Wort oder einen Satz (z. B. „Ich bin ruhig").
- Body-Scan: Wandere mit deiner Aufmerksamkeit durch deinen Körper und entspanne bewusst jede Region.

Tipp:
Sei geduldig mit dir selbst – Meditation ist eine Übung, die mit der Zeit immer wirkungsvoller wird.

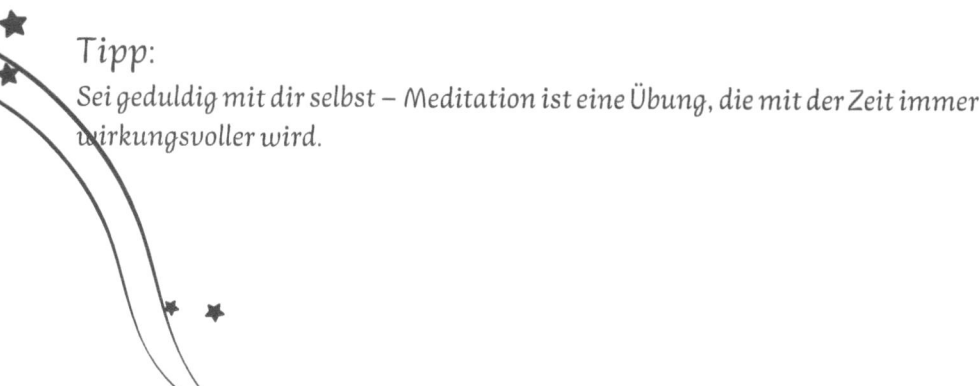

Tag 4- Frühstück: Chia-Pudding mit Mango und Kokos

Zutaten:
- 3 EL Chiasamen
- 200 ml Kokosmilch
- ½ Mango, gewürfelt oder Pfirschisch
- 1 EL Kokosraspeln

Zubereitung:
Vermische die Chiasamen mit der Kokosmilch und lasse die Mischung mindestens 4 Stunden oder über Nacht im Kühlschrank quellen.
Vor dem Servieren die gewürfelte Mango und die Kokosraspeln darüberstreuen.
Mein Favorit: Pfirsich oder Ananas, weil sie den tropischen Charakter des Gerichts beibehalten.

Mittagessen: Gefüllte Paprika mit Quinoa – Gemüse & Feta

Zutaten:

- 2 große Paprika
- 80 g Quinoa
- 1 Karotte (in kleine Würfel geschnitten)
- 1 Zucchini (in kleine Würfel geschnitten)
- 1 EL Olivenöl
- 1 TL Tomatenmark
- 50 g Feta (zerbröselt)
- Salz und Pfeffer
-

Zubereitung:

Koche die Quinoa nach Packungsanweisung.
Schneide Karotte und Zucchini in kleine Würfel und brate sie in Olivenöl an.
Mische die gekochte Quinoa mit Tomatenmark, Salz, Pfeffer und dem zerbröselten Feta, sodass eine cremige Füllung entsteht.
Fülle die ausgehöhlten Paprika mit der Mischung.
Backe die gefüllten Paprika bei 180 °C für ca. 20 Minuten.

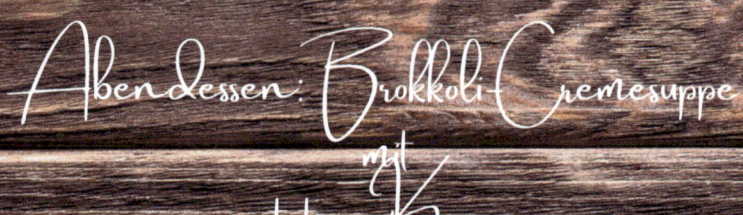

Abendessen: Brokkoli Cremesuppe mit gerösteten Kernen

Zutaten:
- 250 g Brokkoli
- 1 Kartoffel
- 1 kleine Zwiebel
- 200 ml Gemüsebrühe
- 1 EL Olivenöl
- 1 EL Sonnenblumenkerne
- Salz und Pfeffer

Zubereitung:

Schneide Brokkoli, Kartoffel und Zwiebel in kleine Stücke und koche sie in der Gemüsebrühe, bis alles weich ist.
Püriere die Mischung, rühre das Olivenöl unter und schmecke mit Salz und Pfeffer ab.
Röste die Sonnenblumenkerne in einer Pfanne ohne Öl an und streue sie kurz vor dem Servieren über die Suppe.

Workout-Tag 4:

🕐 Dauer: ca. 20-30 Min.
Jeweils 3 Runden

Aufwärmen:
5 Minuten Seilspringen
oder leichtes Joggen

Übung 1
12 Ausfallschritte pro Bein mit Wasserflaschen

Einen großen Schritt nach vorne machen, Knie beugen und kontrolliert absenken

Übung 2
10 Trizeps-Dips an einem Stuhl oder einer Bank

Hände auf einer stabilen Fläche, Hüfte absenken, dann Arme wieder strecken.

Übung 3
30 Sekunden: Plank mit Beinheben

In der Plank-Position abwechselnd ein Bein anheben und halten, dann das andere Bein für 30 Sekunden halte, Core angespannt halten.

Übung 4
10 Burpees

Startposition: Stehe aufrecht, Füße schulterbreit auseinander.
In die Hocke gehen: Hände auf den Boden setzen.
Explosiver Sprung: Kraftvoll nach oben springen.

Tag 5 - Frühstück: Obstsalat

mit Nüssen und

Joghurt-Alternative

Zutaten:
- 1 Apfel
- 1 Birne
- Eine Handvoll Trauben
- 1 EL Walnüsse
- 150 g Kokosjoghurt

Zubereitung:
Schneide Apfel, Birne und Trauben in mundgerechte Stücke und vermische sie in einer Schüssel. Rühre den Kokosjoghurt unter und garniere mit den Walnüssen.

Mittagessen: Reisnudeln mit Erdnusssauce und Gemüse

Zutaten:
- 80 g Reisnudeln
- 1 Paprika
- 1 Karotte
- 50 g Zuckerschoten (alternativ: grüne Bohnen oder Babymais)
- 1 EL Erdnussbutter
- 2 EL glutenfreie Sojasauce
- 1 TL Limettensaft
-

Zubereitung:

Bereite die Reisnudeln nach Packungsanweisung zu. Schneide Paprika, Karotte und Zuckerschoten (alternativ: grüne Bohnen oder Babymais) in feine Streifen und brate sie in einer Pfanne leicht an.
Verrühre Erdnussbutter, Sojasauce und Limettensaft (bei Bedarf mit etwas Wasser verdünnen) und vermische die Sauce mit dem Gemüse und den Reisnudeln.

Abendessen: Gegrilltes Gemüse

mit Hummus

Zutaten:
- 1 Zucchini
- 1 Aubergine
- 1 Paprika
- 2 EL Hummus
- 1 EL Olivenöl
- Salz und Pfeffer

Zubereitung:
Schneide das Gemüse in Scheiben oder Streifen, bestreiche es leicht mit Olivenöl und grille es im Ofen oder in einer Grillpfanne, bis es zart und leicht gebräunt ist.
Serviere das gegrillte Gemüse zusammen mit dem Hummus als Dip.

Wie du Hummus selber machen kannst, findest du auf der Seite 131

Workout-Tag 5:
🕐 Dauer: ca. 30 - 45 Min.
Jeweils 2 Runden

Aufwärmen:
5 Minuten Seilspringen
oder leichtes Joggen

Übung 1
15 Sekunden Unterarmstütz mit Arm heben

Plank-Position, abwechselnd einen Arm leicht, für 15 Sekunden, anheben. Das gleiche mit den anderen Arm.

Übung 2
12 Sit-ups mit langsamer Kontrolle

Langsame Aufwärtsbewegung, Spannung im Bauch halten.

Übung 4
10 Seitstütz-Hüftheben pro Seite

Seitlich stützen, Hüfte anheben und langsam senken.

Übung 3
10 Kreuzheben mit Wasserflaschen als Gewicht

Mit geradem Rücken die Flaschen heben und senken.

Tag 6 - Frühstück:
Bananen-Pancakes mit Beeren

Zutaten:
- 1 reife Banane
- 2 Eier
- 60 g glutenfreies Mehl (z. B. Hafermehl oder Mandelmehl)
- 1 TL Backpulver
- ½ TL Zimt oder Vanilleextrakt
- 1 TL Ahornsirup oder Honig
- Etwas Öl zum Ausbacken
- Eine Handvoll Frisches Obst

Optionale Milchzugabe:
- 30–50 ml pflanzliche Milch
- Wenn du ein eher dickeres Ergebnis möchtest, weniger Milch nehmen.

Tipp:
Falls der Teig nach Zugabe von Milch zu flüssig wird, einfach noch 1 EL glutenfreies Mehl dazugeben.

Zubereitung:
Banane in einer Schüssel mit einer Gabel zerdrücken.
Eier, Mehl, Backpulver und Zimt/Vanille dazugeben und alles zu einem glatten Teig verrühren.
Eine beschichtete Pfanne leicht einfetten
Kleine Pancakes aus dem Teig formen und bei mittlerer Hitze ca. 2-3 Minuten pro Seite goldbraun backen.
Pancakes mit frischen Beeren garnieren und nach Wunsch mit Ahornsirup oder etwas Joghurt servieren.

Mittagessen: Linsensalat

mit Gemüse

Zutaten:
- 100 g grüne Linsen (gekocht)
- 1 Paprika
- 1 Gurke
- 1 kleine rote Zwiebel
- 1 EL Zitronensaft
- 1 EL Olivenöl
- Salz, Pfeffer und frische Petersilie

Zubereitung:
Koche die Linsen, bis sie bissfest sind, und lasse sie abkühlen.
Schneide Paprika, Gurke und Zwiebel in kleine Stücke und
vermische sie mit den Linsen.
Gib Zitronensaft, Olivenöl, Salz, Pfeffer und gehackte
Petersilie dazu und mische den Salat gut durch.

Abendessen: Gefüllte Paprika

mit Quinoa,

Schwarzen Bohnen und Feta

Zutaten:

- 2 große Paprika
- 80 g Quinoa
- 1 kleine Zucchini, gewürfelt
- 1 Tomate, gewürfelt
- 80 g schwarze Bohnen (abgespült & abgetropft)
- 40 g Feta (gewürfelt oder zerbröselt)
- 1 EL Olivenöl
- Salz, Pfeffer & Oregano

Zubereitung:

Koche die Quinoa nach Packungsanweisung. Würfle währenddessen die Zucchini & Tomate.

Vermische die gekochte Quinoa mit Zucchini, Tomate, Bohnen, Feta & Olivenöl. Würze mit Salz, Pfeffer & Oregano. Optional: Zitronensaft & Kräuter unterrühren.

Halbiere die Paprika, entferne die Kerne & fülle sie mit der Mischung.

Lege die Paprika in eine Auflaufform & backe sie bei 180 °C (Ober-/Unterhitze) für ca. 20–25 Minuten.

Nach Belieben mit frischen Kräutern garnieren & servieren.

Tag 6 – Ruhetag

Mache einen Spaziergang oder gehe schwimmen

Aufgabe: Vision Board aktualisieren

Affirmation für dich: Ich liebe es, mich zu bewegen und meinen Körper zu stärken.

Tag 7 – Frühstück: Grüner Power-Smoothie mit Banane & Spinat

Zutaten:
- 1 reife Banane
- Eine Handvoll frischer Spinat
- 200 ml Mandelmilch oder Kokoswasser
- 1 TL Chiasamen oder Leinsamen
- 1 TL Ahornsirup (optional)

Zubereitung:
Gib alle Zutaten in einen Mixer.
Püriere die Mischung für ca. 30 Sekunden, bis der Smoothie cremig ist.
In ein Glas füllen und sofort genießen.
Tipp: Für extra Frische ein paar Eiswürfel oder eine halbe gefrorene Mango hinzufügen!

Mittagessen: Zoodle-Salat mit Avocado-Dressing

Zutaten:

- 2 Zucchini (spiralisiert)
- 1 reife Avocado
- 1 EL Zitronensaft
- 1 EL Olivenöl
- 6–8 Cherrytomaten (halbiert)
- 1 EL gehackte Mandeln oder Walnüsse
- Eine Handvoll frische Kräuter
- Salz und Pfeffer

Zubereitung:

Püriere die Avocado mit Zitronensaft, Olivenöl, Salz und Pfeffer zu einem cremigen Dressing.
Mische das Dressing unter die Zucchini-Spiralen.
Gib die halbierten Cherrytomaten, gehackten Mandeln oder Walnüsse und die frischen Kräuter hinzu.
Den Salat frisch servieren.

Abendessen: Brokkoli-Suppe mit Kokosmilch

Zutaten:
- 1 Kopf Brokkoli
- 1 Zwiebel (gewürfelt)
- 200 ml Kokosmilch
- 1 EL Olivenöl
- Salz und Pfeffer

Zubereitung:
Schneide den Brokkoli in kleine Stücke.
Brate die Zwiebel und den Brokkoli in Olivenöl kurz an.
Lösche mit etwas Wasser ab & koche den Brokkoli weich.
Püriere die Mischung, rühre die Kokosmilch unter und
schmecke mit Salz & Pfeffer ab.

Tag 7 - Ruhetag

Mache einen Spaziergang oder lockeres Radfahren

Aufgabe: Dankbarkeit
Schreibe drei Dinge auf, für die du heute dankbar bist.

Affirmation für dich: Ich glaube an mich und meine Fähigkeiten.

Platz für deine Dankbarkeit

_____

_____

_____

_____

_____

_____

_____

_____

Woche 3 – Frühstück: Chia-Pudding mit Beeren

Zutaten:
- 3 EL Chiasamen
- 200 ml Kokosmilch
- 1 TL Ahornsirup
- Eine Handvoll gemischte Beeren (z. B. Heidelbeeren, Himbeeren, Erdbeeren)

Zubereitung:
Vermische die Chiasamen, Kokosmilch und den Ahornsirup in einem Glas.
Lasse die Mischung über Nacht im Kühlschrank quellen.
Am Morgen mit frischen Beeren garnieren und genießen.

Mittagessen: Quinoa-Bowl mit Kichererbsen und Avocado

Zutaten:

- 80 g Quinoa
- 150 g gekochte Kichererbsen
- 1 Avocado, gewürfelt
- Eine Handvoll frischer Spinat
- 1 kleine Gurke, gewürfelt
- 1 EL Zitronensaft
- 1 EL Olivenöl
- Salz und Pfeffer

Zubereitung:
Koche die Quinoa nach Packungsanweisung.
Vermische sie anschließend mit Kichererbsen,
Avocado, Spinat und Gurke.
Mit Zitronensaft, Olivenöl, Salz und Pfeffer würzen &
servieren.

Zutaten:

- 1 große Süßkartoffel
- 1 EL Olivenöl
- 1 TL Paprikapulver
- 2 EL Tahini
- 1 EL Zitronensaft
- Etwas Wasser zum Verdünnen
- Salz und Pfeffer

Zubereitung:

Schneide die Süßkartoffel in Spalten und vermische sie mit Olivenöl & Paprikapulver.
Backe sie bei 200 °C ca. 25 Minuten, bis sie weich und leicht gebräunt sind.
Verrühre währenddessen Tahini, Zitronensaft & Wasser zu einem cremigen Dip.
Mit Salz & Pfeffer abschmecken & zusammen mit den Wedges servieren.

Workout-Tag 1:
🕐 Dauer: ca. 30 - 45 Min.
Jeweils 3 Runden

Aufwärmen:
5 Minuten Seilspringen
oder leichtes Joggen

Übung 1
10 Liegestütze mit langsamer Absenkung

Langsames Herablassen, 3 Sekunden bis zum tiefsten Punkt, dann kraftvoll hochdrücken.

Übung 2
15 Kniebeugen mit Wasserflasche

Halte eine Wasserflasche vor der Brust, beuge die Knie langsam und gehe tief in die Hocke.

Übung 3
10 Bird-Dog
Startposition: Gehe in den Vierfüßlerstand, Hände unter den Schultern, Knie unter den Hüften. Bewegung: Strecke gleichzeitig einen Arm nach vorne und das gegenüberliegende Bein nach hinten aus. Halte kurz die Spannung. Kehre kontrolliert in die Ausgangsposition zurück und wechsle zur anderen Seite.

Übung 4
Plank mit Arm heben, (30 Sekunden pro Seite)

Halte die Plank-Position stabil, hebe abwechselnd einen Arm leicht an.

Tag 2 – Frühstück: Overnight-Oats
mit
Apfel und Zimt

Zutaten:
- 50 g glutenfreie Haferflocken
- 200 ml Mandelmilch
- ½ Apfel, gerieben
- 1 TL Zimt
- 1 TL gehackte Walnüsse

Zubereitung:
Vermische Haferflocken, Mandelmilch, geriebenen Apfel und Zimt in einem Glas oder einer Schüssel.
Über Nacht im Kühlschrank quellen lassen.
Am Morgen mit gehackten Walnüssen bestreuen & genießen.

Mittagessen: Linsensalat mit Rucola und Tomaten

Zutaten:
- 100 g gekochte grüne oder braune Linsen
- 6-8 Cherrytomaten, halbiert
- Eine Handvoll Rucola
- 1 EL Zitronensaft
- 1 EL Olivenöl
- Salz & Pfeffer

Zubereitung:
Die gekochten Linsen mit den halbierten Cherrytomaten und Rucola vermengen.
Mit Zitronensaft, Olivenöl, Salz & Pfeffer abschmecken & servieren.

Abendessen: Gebackener Blumenkohl mit Tahini-Dip

Zutaten:
- ½ Blumenkohl, in Röschen
- 1 EL Olivenöl
- 1 TL Kreuzkümmel
- 2 EL Tahini
- 1 EL Zitronensaft
- Salz & Pfeffer
- Etwas Wasser zum Verdünnen

Zubereitung:
Blumenkohl mit Olivenöl & Kreuzkümmel vermengen & bei 200°C ca. 25 Minuten backen.
Tahini mit Zitronensaft, Salz, Pfeffer & Wasser zu einem cremigen Dip verrühren.
Den Blumenkohl mit dem Dip servieren.

Workout-Tag 2:

🕐 Dauer: ca. 30 - 45 Min.
Jeweils 3 Runden

Aufwärmen:
5 Minuten Seilspringen
oder leichtes Joggen

Übung 1
12 Seitliche Sprung-Ausfallschritte

Dynamisch von Seite zu Seite springen, Knie gut beugen.

Übung 2
15 Bicycle Crunches mit Pause

Kurz in der Drehposition halten, bevor das andere Knie herangezogen wird.

Übung 3
Seitstütz mit Rotation (30 Sekunden)

Rotierenden Arm unter den Körper führen, dann wieder zur Seite anheben.

Übung 4
15 Mountain Climbers mit Tempo-Wechsel

Langsame und schnelle Phasen abwechseln.

83

Tag 3 – Frühstück: Buchweizen-Porridge mit Beeren

Zutaten:
- 50 g Buchweizenflocken
- 200 ml Mandelmilch
- Eine Handvoll frische oder gefrorene Beeren
- 1 TL Leinsamen
- 1 TL Ahornsirup

Zubereitung:
Koche die Buchweizenflocken in Mandelmilch, rühre Beeren und Leinsamen unter und süße mit Ahornsirup nach Geschmack.

Mittagessen: Kichererbsen-Avocado-Salat mit Tomaten & Sesam

Zutaten:
- Zutaten:
- 150 g gekochte Kichererbsen
- 1 Avocado, gewürfelt
- 1 kleine Gurke, gewürfelt
- 100 g Cherrytomaten, halbiert
- 1 EL Zitronensaft
- 1 EL Olivenöl
- 1 TL Tahini (Sesampaste) oder 1 TL gerösteter Sesam
- ½ TL Kreuzkümmel
- Salz, Pfeffer & frische Kräuter

Zubereitung:
Kichererbsen in eine große Schüssel geben.
Avocado, Gurke und Cherrytomaten dazugeben.
Zitronensaft, Olivenöl, Tahini oder Sesam und Gewürze darüber geben.
Gut vermengen und mit frischen Kräutern garnieren.
Tipp: Serviere den Salat mit gerösteten Kichererbsen oder ein paar Nüssen für extra Crunch!

Abendessen: Gebackene Süßkartoffeln

Zutaten:
- 2 mittelgroße Süßkartoffeln
- 1 EL Olivenöl
- ½ TL Kreuzkümmel
- ½ TL Paprikapulver
- 200 g Hummus
- 100 g geröstete Kichererbsen (gewürzt mit Paprika & Knoblauch)
- 1 EL gehackte Nüsse
- Frische Kräuter (Petersilie oder Koriander)
- Salz & Pfeffer nach Geschmack

Zubereitung:
Die Süßkartoffeln halbieren, mit Olivenöl bestreichen & mit Kreuzkümmel, Paprikapulver, Salz & Pfeffer würzen. Bei 200°C für ca. 30–40 Minuten backen, bis sie weich sind.
Währenddessen Hummus cremiger rühren (optional mit 1 TL Zitronensaft & 1 TL Tahini).
Kichererbsen mit Gewürzen und Olivenöl in einer Pfanne oder im Ofen knusprig rösten. Süßkartoffeln mit Hummus füllen, mit gerösteten Kichererbsen & Kräutern toppen.

Extra-Tipp:
Statt Kichererbsen kannst du auch gehackte Walnüsse oder Pinienkerne verwenden!

Tag 3 – Ruhetag.

Mache einen Spaziergang oder lockeres Radfahren

Aufgabe: Selbstreflexion

Affirmation für dich: Jeder Tag ist eine neue Chance, um mein Bestes zu geben.

Tag 4 – Frühstück: Smoothie-Bowl mit Beeren und Nüssen

Zutaten:
- 1 Banane
- 150 g gemischte Beeren
- 200 ml Mandelmilch
- 1 EL Leinsamen
- Eine Handvoll Nüsse (z. B. Mandeln, Walnüsse)

Zubereitung:
Püriere Banane, Beeren, Mandelmilch und Leinsamen zu einer cremigen Konsistenz. Fülle die Mischung in eine Schüssel und garniere sie mit Nüssen.

Mittagessen: Süßkartoffel Quinoa-Bow

Zutaten:

- 1 kleine Süßkartoffel, gewürfelt
- 80 g Quinoa
- Eine Handvoll frischer Spinat
- 1 kleine Avocado, gewürfelt
- 1 EL Zitronensaft
- 1 EL Olivenöl
- Salz und Pfeffer

Zubereitung:

Backe die Süßkartoffelwürfel bei 200 °C ca. 20 Minuten. Koche die Quinoa und vermische beides zusammen mit Spinat und Avocado. Würze mit Zitronensaft, Olivenöl, Salz und Pfeffer

Abendessen: Zucchini-Nudeln mit Tomatensauce

- Zutaten:
- 2 Zucchini (zu Nudeln spiralisiert)
- 200 ml passierte Tomaten
- 1 Knoblauchzehe, fein gehackt
- 1 EL Olivenöl
- Salz, Pfeffer
- Frisches Basilikum

Zubereitung:
Brate den Knoblauch in Olivenöl kurz an, füge die passierten Tomaten hinzu und lasse die Sauce 10 Minuten köcheln. Erwärme die Zucchini-Nudeln kurz in der Sauce, rühre frisches Basilikum unter und schmecke mit Salz und Pfeffer ab.

Workout-Tag 4:
🕐 Dauer: ca. 30 - 45 Min.
Jeweils 3 Runden

Aufwärmen:
10 Minuten (z.B. Hampelmänner oder auf der Stelle joggen

Übung 1
15 Ausfallschritte mit Wasserflaschen

Einen Fuß auf einer Erhöhung abstellen, tief beugen

Übung 2
10 Trizeps-Dips mit Pause

Im tiefsten Punkt 2 Sekunden halten

Übung 3
Plank mit Beinheben & Kreisbewegung (30 Sekunden)

Abwechselnd Beine anheben und kreisförmige Bewegungen machen, dann wechseln.

Übung 4
10 Burpees mit Knieanziehen

Beim Hochspringen die Knie zur Brust ziehen.

91

Tag 5 - Frühstück: Overnight Oats mit Himbeeren

Zutaten:

- 50 g glutenfreie Haferflocken
- 200 ml Mandelmilch
- 1 TL Chiasamen
- 1 TL Ahornsirup
- 100 g Himbeeren

Zubereitung:
Mische alle Zutaten in einem Glas und lasse sie über Nacht im Kühlschrank quellen. Am Morgen mit frischen Himbeeren servieren.

Mittagessen: Bulgur-Salat mit Kichererbsen

Zutaten:

- 80 g glutenfreier Bulgur
- 150 g gekochte Kichererbsen
- 1 Gurke, gewürfelt
- 1 kleine rote Zwiebel, fein gehackt
- 1 EL Zitronensaft
- 1 EL Olivenöl
- Salz, Pfeffer
- Frische Minze

Zubereitung:

Koche den Bulgur und lasse ihn abkühlen. Mische ihn dann mit den Kichererbsen, Gurke, Zwiebel und Minze und würze mit Zitronensaft, Olivenöl, Salz und Pfeffer.

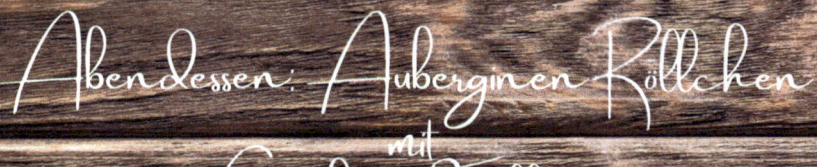

Zutaten:

- 1 große Aubergine
- 100 g Cashewkerne (eingeweicht)
- 1 Knoblauchzehe
- 1 EL Zitronensaft
- 1 EL Olivenöl
- Salz und Pfeffer

Zubereitung:

Schneide die Aubergine in dünne Scheiben und grille oder brate sie leicht an. Püriere die eingeweichten Cashewkerne zusammen mit Knoblauch, Zitronensaft, Olivenöl, Salz und Pfeffer zu einer cremigen Masse. Bestreiche die Auberginenscheiben damit und rolle sie auf.

Workout-Tag 5:

🕐 Dauer: ca. 30 - 45 Min.
Jeweils 2 Runden

Aufwärmen:
5 Minuten Cardio (Jumping Jacks oder Schattenboxen)

Übung 1
10 Seitstütz-Hüftheben mit Armstreckung

Beim Hochkommen den oberen Arm nach oben strecken

Übung 2
12 Langsame Sit-ups mit Twist

Beim Hochkommen eine leichte Rotation einfügen.

Übung 3
15 Unterarmplank mit Vor- und Zurückbewegung

Aus der Plank nach vorne und zurück wippen.

Übung 4
10 Kreuzheben mit Zusatzgewicht (z. B. Rucksack)

Den Rücken stabil halten, langsam absenken und wieder hochkommen.

Tag 6 – Frühstück: Bananen-Pancakes mit Beeren

Zutaten:
- 1 reife Banane
- 2 Eier
- 60 g glutenfreies Mehl (z. B. Hafermehl oder Mandelmehl)
- 1 TL Backpulver
- ½ TL Zimt oder Vanilleextrakt
- 1 TL Ahornsirup oder Honig
- Etwas Öl zum Ausbacken
- Eine Handvoll Frisches Obst
- Optionale Milchzugabe:
- 30-50 ml pflanzliche Milch

Tipp:
- Falls der Teig nach Zugabe von Milch zu flüssig wird, einfach noch 1 EL glutenfreies Mehl dazugeben.

Zubereitung:
Banane in einer Schüssel mit einer Gabel zerdrücken.
Eier, Mehl, Backpulver und Zimt/Vanille dazugeben und alles zu einem glatten Teig verrühren.
Pfanne vorheizen & Pancakes ausbacken:
Eine beschichtete Pfanne leicht einfetten (z. B. mit Kokosöl oder neutralem Pflanzenöl).
Kleine Pancakes aus dem Teig formen und bei mittlerer Hitze ca. 2-3 Minuten pro Seite goldbraun backen.
Pancakes mit frischen Beeren garnieren und nach Wunsch mit Ahornsirup oder etwas Joghurt servieren.

Mittagessen: Linsensalat mit Gemüse

Zutaten:

- 100 g grüne Linsen (gekocht)
- 1 Paprika, gewürfelt
- 1 Gurke, gewürfelt
- 1 kleine rote Zwiebel, fein gehackt
- 1 EL Zitronensaft
- 1 EL Olivenöl
- Salz, Pfeffer, frische Petersilie

Zubereitung:

Koche die Linsen bissfest, lasse sie abkühlen und vermische sie mit dem gewürfelten Gemüse. Würze mit Zitronensaft, Olivenöl, Salz, Pfeffer und frisch gehackter Petersilie.

Zutaten:

- 2 große Paprika
- 80 g Quinoa
- 1 kleine Zucchini, gewürfelt
- 1 Tomate, gewürfelt
- 80 g schwarze Bohnen
- 40 g Feta, zerbröselt
- 1 EL Olivenöl
- Salz, Pfeffer, Oregano
- Optional: Ein Spritzer Zitronensaft und frische Kräuter

Zubereitung:
Koche die Quinoa und vermische sie mit Zucchini, Tomate, schwarzen Bohnen und Feta. Würze mit Olivenöl, Salz, Pfeffer, Oregano und optional einem Spritzer Zitronensaft sowie frischen Kräutern. Fülle die Paprika und backe sie bei 180 °C ca. 20–25 Minuten.

Tag 6 – Ruhetag.

Endspanne dich!

Aufgabe: Meditation

Eine Affirmation für dich: Ich achte auf mich und schenke mir
ausreichend Erholung und Entspannung.

Tag 7 – Grüner Power-Smoothie

Zutaten:
- 1 Handvoll frischer Spinat oder Grünkohl 1 reife Banane
- ½ Avocado
- 200 ml Mandelmilch oder Kokoswasser
- 1 TL Chiasamen oder Leinsamen
- ½ TL Zimt oder Ingwer
- Eine Handvoll gefrorene Mango oder Ananas

Zubereitung:
Alle Zutaten in einen Mixer geben.
Mixen, bis eine cremige Konsistenz entsteht.
In einem Glas servieren und genießen!
Tipp: Wer mehr Eiweiß möchte, kann 1 EL veganes
Proteinpulver oder 1 EL Mandelmus hinzufügen.

Zutaten:
- 200 g Brokkoli
- 1 kleine Karotte, geraspelt
- 1 EL Sonnenblumenkerne
- 1 EL Olivenöl
- 1 TL Zitronensaft
- Salz und Pfeffer

Zubereitung:
Schneide den Brokkoli in kleine Stücke und blanchiere ihn kurz. Vermenge ihn mit Karotte, Sonnenblumenkernen, Olivenöl und Zitronensaft.

Abendessen: Cremige Karotten-Kokos-Suppe mit Ingwer

Zutaten:

- 3 große Karotten, in Scheiben geschnitten
- 1 kleine Zwiebel, gewürfelt
- 1 Stück Ingwer (ca. 2 cm), fein gehackt
- 1 Knoblauchzehe, gehackt
- 1 EL Olivenöl oder Kokosöl
- 400 ml Kokosmilch
- 400 ml Gemüsebrühe
- ½ TL Kurkuma
- ½ TL Kreuzkümmel
- Salz & Pfeffer nach Geschmack
- Frische Kräuter oder geröstete Kerne als Topping

Zubereitung:

Gemüse anbraten: Zwiebel, Knoblauch und Ingwer in Öl anbraten. Karotten & Gewürze dazugeben: Mit Kurkuma & Kreuzkümmel würzen, dann mit Brühe und Kokosmilch aufgießen. Köcheln lassen: Ca. 15–20 Minuten kochen, bis die Karotten weich sind. Pürieren: Mit einem Mixer oder Pürierstab zu einer cremigen Suppe verarbeiten.
Servieren: Mit frischen Kräutern oder gerösteten Kernen toppen.
Extra-Tipp: Für eine leicht fruchtige Note einen Spritzer Orangensaft hinzugeben!

Tag 7 – Ruhetag

Mache einen Spaziergang oder lockeres Radfahren

Aufgabe: Dankbarkeit

Affirmation für dich: Ich bin stark, mutig und wachse mit jeder Herausforderung.

Platz für deine Dankbarkeit

Woche 4 - Frühstück: Hirsebrei mit Nüssen und Beeren

Zutaten:

- 50 g Hirse
- 200 ml Mandelmilch
- Eine Handvoll gemischte Beeren
- 1 EL gehackte Walnüsse
- 1 TL Ahornsirup

Zubereitung:

Koche die Hirse in Mandelmilch, bis sie weich ist. Rühre die Beeren unter, süße mit Ahornsirup und bestreue mit Walnüssen.

Mittagessen: Quinoa-Bowl
mit
geröstetem Gemüse

Zutaten:

- 80 g Quinoa
- 1 kleine Zucchini, in Scheiben
- 1 rote Paprika, gewürfelt
- ½ Aubergine, gewürfelt
- 1 EL Olivenöl
- 1 TL Kreuzkümmel
- Salz und Pfeffer
- Eine Handvoll Rucola

Zubereitung:

Koche die Quinoa nach Packungsanweisung. Vermenge das Gemüse mit Olivenöl und Gewürzen und röste es im Ofen bei 200 °C für 20 Minuten. Mische die Quinoa mit dem gerösteten Gemüse und Rucola.

Abendessen: Zucchini-Karotten Puffer mit Avocado Dip

Zutaten:

- 1 kleine Zucchini, geraspelt
- 1 Karotte, geraspelt
- 2 EL Buchweizenmehl
- 2 Eier
- 1 EL Olivenöl
- Salz und Pfeffer
- 1 Avocado
- 1 EL Zitronensaft

Zubereitung:

Vermische Zucchini, Karotte, Kichererbsenmehl und Leinsamen. Forme kleine Puffer und brate sie in Olivenöl goldbraun. Zerdrücke die Avocado mit Zitronensaft zu einem cremigen Dip.

Workout-Tag 1:
🕐 Dauer: ca. 30 - 45 Min.
Jeweils 3 Runden

Aufwärmen:
5 Minuten (Jumping Jacks,
High Knees, Armkreisen

Übung 1
15 Kniebeugen mit Wasserflaschen +
Wadenheben

Nach jeder Kniebeuge auf die
Zehenspitzen gehen, um die Waden zu
aktivieren.

Übung 2
10 Liegestütze mit Rotation

Beim Hochdrücken eine Hand nach oben
strecken und leicht rotieren.

Übung 3
Seitstütz mit Rotation (30 Sekunden)

Rotierenden Arm unter den Körper führen, dann
wieder zur Seite anheben.

Übung 4
15 High Knees mit Armbewegung

Knie hochziehen und mit den
Armen dynamisch mitgehen.

Tag 2 – Frühstück: Overnight Oats mit Kakao und Banane

Zutaten:
- 50 g glutenfreie Haferflocken
- 200 ml Mandelmilch
- 1 TL Kakao
- ½ Banane, in Scheiben
- 1 TL Ahornsirup

Zubereitung:
Vermische Haferflocken, Mandelmilch und Kakao in einem Glas. Lasse es über Nacht im Kühlschrank quellen und garniere es am Morgen mit Bananenscheiben und Ahornsirup.

109

Mittagessen: Hirse-Bowl mit Ofengemüse & Tahini-Dressing

Zutaten:
- 50 g Hirse
- 125 ml Gemüsebrühe
- ¼ TL Kreuzkümmel
- ½ kleine Zucchini, in Scheiben geschnitten
- ½ rote Paprika, gewürfelt
- ¼ Aubergine, gewürfelt
- ½ EL Olivenöl
- ¼ TL Paprikapulver
- Salz & Pfeffer
- ½ EL Tahini (Sesampaste)
- ½ TL Zitronensaft
- ½ TL Ahornsirup oder Agavendicksaft
- ½ EL Wasser

Topping:
- Frische Kräuter

Zubereitung:
Hirse in einem Sieb mit heißem Wasser abspülen.
In Gemüsebrühe und Kreuzkümmel ca. 10–15 Minuten köcheln lassen. Vom Herd nehmen & 5 Minuten ziehen lassen. Zucchini, Paprika und Aubergine mit Olivenöl, Paprikapulver, Salz & Pfeffer vermengen.
Bei 200°C für ca. 20 Minuten im Ofen backen, bis das Gemüse goldbraun ist.
Dressing anrühren:
Tahini, Zitronensaft, Ahornsirup und Wasser cremig rühren.
Das Tahini-Dressing darüber träufeln & genießen!

Abendessen: Würziger Linsen-Gemüse-Eintopf

Zutaten:

- 150 g rote oder braune Linsen
- 1 kleine Zwiebel, gewürfelt
- 1 Knoblauchzehe, gehackt
- 1 Karotte, gewürfelt
- 1 kleine Kartoffel oder Süßkartoffel, gewürfelt
- 1 EL Olivenöl
- 500 ml Gemüsebrühe
- 200 ml stückige Tomaten (aus der Dose)
- ½ TL Kreuzkümmel
- ½ TL Paprikapulver
- ½ TL Thymian oder Oregano
- Salz & Pfeffer nach Geschmack
- Frische Kräuter (z. B. Petersilie)

Zubereitung:

Die Zwiebel & Knoblauch in Olivenöl anbraten. Karotten & Kartoffeln hinzufügen.
Linsen & Gewürze dazugeben: Kurz mit anrösten, dann mit Brühe & Tomaten ablöschen. Ca. 25–30 Minuten Köcheln lassen, bis die Linsen & das Gemüse weich sind. Mit Salz, Pfeffer & frischen Kräutern würzen. optional mit einem Löffel pflanzlichem Joghurt für Cremigkeit.
Extra-Tipp: Für mehr Protein & Crunch geröstete Kichererbsen als Topping verwenden!

Workout-Tag 2:
🕐 Dauer: ca. 30 - 45 Min.
Jeweils 3 Runden

Aufwärmen:
5 Minuten leichtes Joggen
oder Seilspringen

Übung 1
15 Ausfallschritte mit Wasserflaschen

Einen Fuß auf einer Erhöhung abstellen, tief beugen

Übung 2
15 Bicycle Crunches mit Anhalten

In der Drehposition kurz innehalten, um die Spannung zu erhöhen.

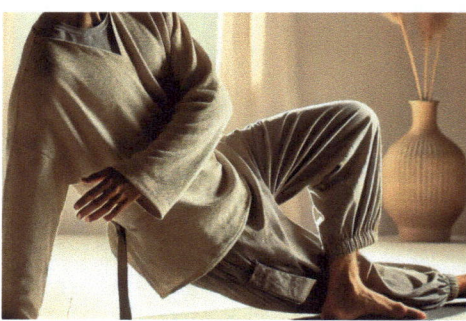

Übung 3
Seitstütz mit Rotation (30 Sekunden)

In der Drehposition kurz innehalten, um die Spannung zu erhöhen.

Übung 4
10 Kreuzheben mit Zusatzgewicht (z. B. Rucksack)

Den Rücken stabil halten, langsam absenken und wieder hochkommen.

Tag 3 – Frühstück: Smoothie-Bowl

mit Nüssen

Zutaten:

- 1 Banane
- 150 g gefrorene Beeren
- 200 ml Mandelmilch
- 1 TL Leinsamen
- Eine Handvoll Nüsse

Zubereitung:
Püriere alle Zutaten und fülle sie in eine Schüssel. Garniere mit Nüssen und Banane.

Mittagessen: Gemüse-Reis-Bowl

Zutaten

- 75 g Basmatireis oder Jasminreis
- 150 ml Wasser oder Gemüsebrühe
- ½ kleine Zucchini, in Scheiben geschnitten
- ½ rote Paprika, gewürfelt
- 1 kleine Karotte, in feine Streifen geschnitten
- 1 Handvoll Erbsen
- 1 TL Olivenöl oder Sesamöl
- 1 TL Tahini (Sesampaste)
- ½ TL Sojasauce
- ½ TL Zitronensaft oder Reisessig
- ½ TL Ahornsirup oder Agavendicksaft
- 1 EL Wasser Konsistenz)

Zubereitung:

Den Reis mit Wasser oder Gemüsebrühe aufkochen, dann auf niedriger Hitze 10-12 Minuten köcheln lassen, bis die Flüssigkeit aufgenommen ist. Vom Herd nehmen und abgedeckt 5 Minuten ziehen lassen.

In einer Pfanne das Olivenöl erhitzen. Zucchini, Paprika und Karotten für 3-5 Minuten anbraten, bis sie leicht gebräunt und bissfest sind.

Falls du Erbsen verwendest, am Ende kurz unterrühren.

Dressing anrühren:

Tahini, Sojasauce, Zitronensaft, Ahornsirup und Wasser cremig rühren.

Abendessen: Gefüllte Aubergine mit Tomaten und Tahini

Zutaten:
- 1 Aubergine
- 1 Tomate, gewürfelt
- 1 EL Tahini
- 1 TL Zitronensaft
- Salz und Pfeffer

Optional:
Du kannst auch geriebenen Käse darüber streuen.

Zubereitung:
Halbiere die Aubergine, höhle sie leicht aus und fülle sie mit den Tomaten. Backe sie bei 180 °C ca. 25 Minuten. Vermische Tahini mit Zitronensaft und gib es über die Aubergine.

Tag 3 – Ruhetag.

Mache einen Spaziergang oder lockeres Radfahren

Aufgabe: Selbstreflexion

Affirmation für dich: Mein Körper ist kraftvoll und voller Energie.

Tag 4 - Frühstück: Dattel-Nuss-Energiebowl

Zutaten:

- 50 g glutenfreie Haferflocken
- 1 EL gehackte Mandeln oder Walnüsse
- 1 Banane
- 2 getrocknete Datteln, klein geschnitten
- 200 ml Mandelmilch
- 1 TL Leinsamen

Zubereitung:

Vermische alle Zutaten in einer Schüssel und lasse sie 5-10 Minuten ziehen, damit die Haferflocken die Flüssigkeit aufnehmen. Die Datteln sorgen für eine natürliche Süße.

Mittagessen: Ofengeröstetes Gemüse
mit Hummus

Zutaten:
- ½ Süßkartoffel, gewürfelt
- ½ Zucchini, gewürfelt
- 1 rote Paprika, in Streifen geschnitten
- 1 EL Olivenöl
- 1 TL Kreuzkümmel
- Salz und Pfeffer
- 2 EL Hummus

Zubereitung:
Vermenge das Gemüse mit Olivenöl und Gewürzen und röste es bei 200 °C ca. 20-25 Minuten im Ofen. Serviere es mit Hummus als Dip.

Abendessen: Kichererbsen Karotten Pfanne mit Joghurt Dip

Zutaten:

- 150 g gekochte Kichererbsen
- 1 Karotte, in Streifen geschnitten
- 1 rote Zwiebel, in Ringe geschnitten
- 1 kleine Zucchini, gewürfelt
- 1 Knoblauchzehe, fein gehackt
- 1 TL Olivenöl
- ½ TL Kreuzkümmel
- ½ TL Kurkuma
- ½ TL Paprikapulver edelsüß
- ½ TL Ahornsirup
- Salz & Pfeffer
- 1 EL geröstete Sesam
- 1 EL frische Petersilie
- 3 EL pflanzlicher Joghurt
- 1 TL Zitronensaft
- ½ TL Knoblauch, fein gerieben
- Prise Salz & Pfeffer

Zubereitung:

Kichererbsen & Gemüse vorbereiten:
Kichererbsen, Karotten, Zwiebeln und Zucchini in eine Schüssel geben. Olivenöl, Kreuzkümmel, Kurkuma, Paprikapulver, Ahornsirup, Salz & Pfeffer vermengen und über das Gemüse geben. Auf einem Backblech verteilen und bei 200°C für 20–25 Minuten backen, bis das Gemüse weich und leicht gebräunt ist.
Joghurt-Dip vorbereiten:
Während das Gemüse bäckt, den pflanzlichen Joghurt mit Zitronensaft, geriebenem Knoblauch, Salz & Pfeffer vermengen.

Workout-Tag 4:
🕐 Dauer: ca. 30 - 45 Min.
Jeweils 3 Runden

Aufwärmen:
5 Minuten leichtes Joggen
oder Seilspringen

Übung 1
15 Kniebeugen mit Wasserflasche

Halte eine Wasserflasche vor der Brust, beuge die Knie langsam und gehe tief in die Hocke.

Übung 2
10 Trizeps-Dips mit langsamer Senkung

Beim Absenken 3 Sekunden langsam kontrolliert nach unten bewegen.

Übung 3
10 Burpees mit Sprungvariation

Beim Hochspringen die Knie zur Brust ziehen oder einen leichten Hocksprung einfügen.

Übung 4
Plank mit Bein- & Kreisbewegung (30 Sekunden)

Beine abwechselnd heben und kreisförmige Bewegungen machen. Dann das Bein wechseln.

Tag 5 - Frühstück: Fruchtiger Kokos-Joghurt-Bowl

Zutaten:

- 1 Apfel gewürfelt
- 1 Birne gewürfelt
- Eine Handvoll Trauben, halbiert
- 150 g Pflanzenjoghurt
- 1 TL Agavendicksaft
- ½ TL Zimt oder Vanilleextrakt
- 1 EL Walnüsse, gehackt
- 1 EL Haferflocken
- ½ EL Kokoschips oder Mandelsplitter
- 1 TL Chiasamen

Zubereitung:

Apfel & Birne klein schneiden oder reiben.
Trauben halbieren.
Mit Zitronensaft vermengen.
Walnüsse, Haferflocken, Kokoschips & Chiasamen in einer
Pfanne ohne Öl für 2-3 Minuten rösten, bis sie duften.
Kokosjoghurt in eine Schüssel geben.
Früchte darauf verteilen.
Das geröstete Knusper-Topping darüberstreuen.
Nach Wunsch mit Ahornsirup oder Zimt toppen.

Zutaten:
- 1 große Kartoffel oder 2 kleine (festkochend oder vorwiegend festkochend)
- 1 TL Olivenöl
- ½ TL Paprikapulver (edelsüß)
- ½ TL Oregano oder Thymian
- Salz & Pfeffer
- 3 EL Hummus
- ½ TL Zitronensaft
- 1 TL gehackte frische Kräuter
- 1 TL Wasser

Zubereitung:
Die Kartoffeln gründlich waschen
In Spalten oder Würfel schneiden.
Mit Olivenöl, Paprikapulver, Oregano, Salz & Pfeffer
vermengen.
Bei 200°C ca. 25-30 Minuten im Ofen backen, bis sie goldbraun
und knusprig sind.
Hummus mit Zitronensaft, gehackten Kräutern & Wasser
vermengen, bis er cremig ist.

Abendessen: Gemüse-Auflauf

mit Mozzarella

Zutaten (für 2 Portionen):

- 1 kleine Zucchini, in dünne Scheiben geschnitten
- 1 kleine Aubergine, in dünne Scheiben geschnitten
- 1 rote Paprika, gewürfelt
- 1 Karotte, geraspelt
- 1 kleine Zwiebel, gewürfelt
- 1 Knoblauchzehe, fein gehackt
- 1 EL Olivenöl
- 200 ml passierte Tomaten
- 1 EL Tomatenmark
- ½ TL Oregano & ½ TL Basilikum
- Salz & Pfeffer
- 200 g Mozzarella, in Scheiben

Zubereitung:

Olivenöl in einer Pfanne erhitzen. Zwiebel & Knoblauch anschwitzen, dann Paprika, Zucchini, Aubergine & Karotten dazugeben. Ca. 5–7 Minuten anbraten, bis das Gemüse weich ist.

Tomatenmark mit den passierten Tomaten in die Pfanne geben.

Mit Oregano, Basilikum, Salz und Pfeffer würzen.

5 Minuten köcheln lassen, bis die Sauce leicht eingedickt ist.

Eine kleine Auflaufform mit etwas Tomatensauce ausstreichen.

Gemüsemischung & Sauce verteilen.

Mozzarella-Scheiben oben drauf legen.

Im vorgeheizten Ofen bei 180°C (Ober-/Unterhitze) ca. 25–30 Minuten backen, bis der Käse goldbraun ist.

Mit frischen Kräutern wie Basilikum oder Petersilie garnieren.

Workout-Tag 4:

🕐 Dauer: ca. 30 - 45 Min.
Jeweils 3 Runden

Aufwärmen:
5 Minuten leichtes Joggen
oder Seilspringen

Übung 1
15 Kniebeugen mit Wasserflasche

Halte eine Wasserflasche vor der Brust, beuge die Knie langsam und gehe tief in die Hocke.

Übung 2
10 Trizeps-Dips mit langsamer Senkung

Beim Absenken 3 Sekunden langsam kontrolliert nach unten bewegen.

Übung 3
10 Burpees mit Sprungvariation

Beim Hochspringen die Knie zur Brust ziehen oder einen leichten Hocksprung einfügen.

Übung 4
Plank mit Bein- & Kreisbewegung (30 Sekunden)

Beine abwechselnd heben und kreisförmige Bewegungen machen. Dann das Bein wechseln.

Tag 6 - Frühstück: Bananen-Pancakes mit Mango

Zutaten:
- 1 reife Banane
- 2 Eier
- 60 g glutenfreies Mehl (z. B. Hafermehl oder Mandelmehl)
- 1 TL Backpulver
- ½ TL Zimt oder Vanilleextrakt
- 1 TL Ahornsirup oder Honig
- Etwas Öl zum Ausbacken
- Eine Handvoll Frisches Obst

Optionale Milchzugabe:
- 30-50 ml pflanzliche Milch
- Wenn du ein eher dickeres Ergebnis möchtest, weniger Milch nehmen.

Tipp:
Falls der Teig nach Zugabe von Milch zu flüssig wird, einfach noch 1 EL glutenfreies Mehl dazugeben.

Zubereitung:
Banane in einer Schüssel mit einer Gabel zerdrücken.
Eier, Mehl, Backpulver und Zimt/Vanille dazugeben und alles zu einem glatten Teig verrühren.
Eine beschichtete Pfanne leicht einfetten
Kleine Pancakes aus dem Teig formen und bei mittlerer Hitze ca. 2-3 Minuten pro Seite goldbraun backen.
Pancakes mit frischen Beeren garnieren und nach Wunsch mit Ahornsirup oder etwas Joghurt servieren.

Mittagessen: Kichererbsensalat mit Tahini-Dressing

- Zutaten:
- 200 g gekochte Kichererbsen
- 1 kleine Gurke
- 1 Avocado
- 10 Cherrytomaten
- 1 EL Tahini
- 1 TL Zitronensaft
- 1 TL Olivenöl
- Salz und Pfeffer

Zubereitung:
Spüle die Kichererbsen ab und vermische sie mit klein gewürfelter Gurke, Avocado und halbierten Cherrytomaten. Bereite ein cremiges Dressing aus Tahini, Zitronensaft, Olivenöl, Salz und Pfeffer zu und mische es unter den Salat.

Abendessen: Spinat-Quinoa-Bowl
mit gerösteten Nüssen

Zutaten;
- 80 g Quinoa
- Eine Handvoll frischer Spinat
- 1 kleine Karotte, geraspelt
- 1 EL Mandeln oder Walnüsse, gehackt
- 1 EL Olivenöl
- 1 TL Balsamico
- Salz und Pfeffer

Zubereitung:
Koche die Quinoa und lasse sie abkühlen. Vermenge sie mit Spinat, Karotte und gehackten Nüssen. Würze mit Olivenöl, Balsamico, Salz und Pfeffer.

Tag 6 – Ruhetag.

Mache einen Spaziergang oder gehe schwimmen

Aufgabe: Vision Board aktualisieren

Affirmation für dich: Mein Körper ist mein Zuhause, und ich behandle ihn mit Liebe und Respekt.

Tag 7 - Frühstück: Schoko-Chia-Pudding mit Banane & Nuss-Crunch

Zutaten:

- 3 EL Chiasamen
- 200 ml Mandelmilch
- 1 TL Kakao
- ½ TL Zimt oder Vanilleextrakt (für eine besondere Note)
- ½ Banane, in Scheiben
- 1 EL gehackte Nüsse (Mandeln, Haselnüsse oder Walnüsse

Zubereitung:

Chiasamen, Mandelmilch, Kakao und Zimt oder Vanilleextrakt in einem Glas oder einer Schüssel gut verrühren.
Mindestens 5 Minuten stehen lassen, dann nochmal umrühren, damit die Chiasamen nicht verklumpen.
Über Nacht (oder mindestens 3-4 Stunden) im Kühlschrank quellen lassen.Die Banane in dünne Scheiben schneiden.
Die gehackten Nüsse über den Pudding streuen.
Optional mit ein paar Kakaonibs oder etwas extra Zimt toppen.
Tipp: Wer es süßer mag, kann 1 TL Ahornsirup oder Dattelsirup dazugeben.

Mittagessen: Zoodle-Salat mit cremigem Avocado-Dressing

Zutaten (2 Portionen):

- 2 Zucchini, spiralisiert
- 1 reife Avocado
- 1 EL Zitronensaft
- 1 EL Olivenöl
- ½ TL Honig oder Ahornsirup
- Salz & Pfeffer
- 10–12 Cherrytomaten, halbiert
- Eine Handvoll frischer Spinat
- 1 EL Sonnenblumenkerne, geröstet

Zubereitung:

Die Avocado mit Zitronensaft, Olivenöl, Honig (oder Ahornsirup), Salz und Pfeffer cremig pürieren oder mit einer Gabel zerdrücken. Falls das Dressing zu dick ist, einen Schuss Wasser hinzufügen.
Die Zucchini-Spiralen in eine große Schüssel geben.
Das Avocado-Dressing darüber verteilen und gut untermischen.
Die halbierten Cherrytomaten und den frischen Spinat unterheben.
Mit den gerösteten Sonnenblumenkernen bestreuen.

Abendessen: Blumenkohl-Kokos-Curry mit Basmatireis

Zutaten:

- 1 kleiner Blumenkohl, in Röschen
- 1 kleine Zwiebel, gehackt
- 1 Knoblauchzehe, gehackt
- 1 TL Curry
- 200 ml Kokosmilch
- 1 TL Kokosöl
- 80 g Basmatireis

Zubereitung:

Koche den Basmatireis nach Packungsanweisung. Dünste Zwiebel und Knoblauch in Kokosöl an, gib Blumenkohl und Curry hinzu und lösche mit Kokosmilch ab. Lasse es 15 Minuten köcheln und serviere es mit dem Reis.

Tag 7 – Ruhetag.

Endspanne dich!

Aufgabe: Meditation

Eine Affirmation für dich: Mit jedem Training werde ich fitter und gesünder.

Energiebällchen mit Datteln & Nüssen

Zutaten für ca. 10-12 Bällchen:

150 g Datteln (entsteint, am besten Medjool-Datteln)
50 g Haferflocken (glutenfrei, falls nötig)
40 g Mandeln oder Walnüsse
1 EL Chiasamen oder Leinsamen
1 EL Kakaopulver (ungesüßt)
1 TL Zimt oder Vanilleextrakt
1-2 EL Nussmus (z. B. Mandelmus oder Erdnussmus)
1 Prise Salz
Optional: 1-2 EL Wasser oder pflanzliche Milch, falls die Masse zu trocken ist

Zubereitung:

- Datteln einweichen (wenn sie sehr trocken sind): Weiche sie für ca. 10 Minuten in warmem Wasser ein und gieße sie dann ab.
- Zutaten mixen: Alle Zutaten in einem Mixer oder einer Küchenmaschine zu einer klebrigen Masse verarbeiten. Falls es zu trocken ist, 1 EL Wasser hinzufügen.
- Formen: Mit leicht angefeuchteten Händen kleine Kugeln aus der Masse rollen.
- Optional wälzen: Die Bällchen in Kokosraspeln, Sesam, Kakaopulver oder gehackten Nüssen wälzen.
- Kühlen: Die Energiebällchen für ca. 30 Minuten in den Kühlschrank stellen – so werden sie fester.

Variationen:

Protein-Boost: 1 EL pflanzliches Proteinpulver hinzufügen.
Schoko-Kick: Ein paar dunkle Schokoladenstückchen unter die Masse mischen.

Tropische Variante: Kokosraspeln in die Mischung geben und mit etwas Zitronenabrieb verfeinern.

Nussfreie Version: Statt Mandeln Sonnenblumenkerne oder Kürbiskerne verwenden.

Die Bällchen halten sich bis zu einer Woche im Kühlschrank oder können eingefroren werden. Perfekt für unterwegs!

Cremiges Hummus-Rezept – Einfach & Lecker

Zutaten:

- 1 Dose (ca. 240 g) Kichererbsen, abgetropft
- 2 EL Tahini (Sesampaste)
- 2 EL Zitronensaft (frisch gepresst)
- 1 kleine Knoblauchzehe, gehackt
- 2 EL Olivenöl
- ½ TL Kreuzkümmel (optional)
- ½ TL Salz
- 3–4 EL Wasser (je nach gewünschter Konsistenz)

Topping: Ein Schuss Olivenöl, Sesam oder Paprikapulver

Zubereitung:

Die Kichererbsen abspülen und gut abtropfen lassen. Falls du extra cremiges Hummus möchtest, kannst du die Häutchen der Kichererbsen entfernen.
Alle Zutaten in einen Mixer oder eine Küchenmaschine geben.
Für etwa 2 Minuten mixen, bis eine glatte, cremige Masse entsteht. Falls nötig, nach und nach Wasser hinzufügen, um die gewünschte Konsistenz zu erreichen. Abschmecken und nach Belieben mit Salz, Zitronensaft oder Kreuzkümmel nachwürzen.
In eine Schale füllen und mit Olivenöl, Sesam oder Paprikapulver garnieren.

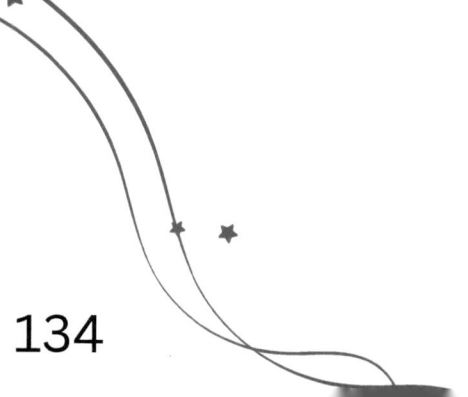

Alternative Mehle & ihre Eigenschaften:

<u>Hafermehl (glutenfrei, wenn zertifiziert)</u>
- Mild im Geschmack, leicht süßlich
- Macht die Puffer etwas weicher
- Empfohlene Menge: 2 EL + 1 TL Flohsamenschalen für bessere Bindung

<u>Mandelmehl (leicht nussig, sättigend)</u>
- Leicht süßlich & aromatisch
- Sorgt für eine lockere, aber etwas weichere Konsistenz
- Empfohlene Menge: 2 EL Mandelmehl + 1 EL Speisestärke (z. B. Kartoffelstärke) für mehr Bindung

<u>Buchweizenmehl (herzhaft & nussig)</u>
- Kräftiger, herzhafter Geschmack
- Macht die Puffer fester
- Empfohlene Menge: 2 EL Buchweizenmehl

<u>Reismehl (hell & neutral)</u>
- Neutraler Geschmack
- Braucht etwas zusätzliche Bindung
- Empfohlene Menge: 2 EL Reismehl + 1 TL gemahlene Chiasamen oder Flohsamenschalen

<u>Kokosmehl (nur in kleinen Mengen!)</u>
- Sehr saugfähig & leicht süßlich
- Macht die Puffer trockener, daher mit mehr Flüssigkeit ausgleichen
- Empfohlene Menge: 1 EL Kokosmehl + 1 EL Reismehl + 2 EL Wasser

Variationsmöglichkeiten für Rezepte

Frühstück

- Overnight Oats
  - Variation: Statt Chiasamen kannst du Leinsamen verwenden. Passe das Obst je nach Saison an (z. B. Erdbeeren im Sommer, Äpfel im Winter).
  - Ergänzung: Für eine extra cremige Konsistenz kannst du einen Esslöffel pflanzlichen Joghurt unterrühren.
- Smoothie Bowl
  - Variation: Nutze gefrorene Beeren für eine cremigere Konsistenz. Ergänze Toppings wie gehackte Nüsse, Kokosflocken oder Kakaonibs für extra Crunch.
  - Ergänzung: Für mehr Protein kannst du einen Esslöffel pflanzliches Proteinpulver oder Mandelmus hinzufügen.

Mittagessen

- Quinoa-Gemüse-Bowl
  - Variation: Ersetze Quinoa durch Couscous oder Reis. Tausche das Gemüse nach Verfügbarkeit aus, z. B. Zucchini durch Brokkoli oder Paprika.
  - Ergänzung: Für eine würzige Note kannst du Gewürze wie Kurkuma oder Kreuzkümmel hinzufügen.
- Linsensalat
  - Variation: Füge Feta oder eine vegane Käsealternative hinzu. Experimentiere mit verschiedenen Dressings, z. B. Honig-Senf oder Zitronen-Tahini.
  - Ergänzung: Statt Linsen kannst du auch Kichererbsen oder weiße Bohnen verwenden.

Abendessen

- Tomatensuppe
  - Variation: Verfeinere die Suppe mit Karotten oder Paprika für eine natürliche Süße. Für eine cremigere Konsistenz kannst du Kokosmilch hinzufügen.
  - Ergänzung: Eine geröstete Paprika verleiht der Suppe ein rauchiges Aroma. Alternativ kannst du Basilikum oder Oregano hinzufügen.

Gemüsepfanne

  - Variation: Ergänze Tofu oder Tempeh für mehr Eiweiß. Ersetze Öl durch Sojasauce oder Sesamöl für einen intensiveren Geschmack.
  - Ergänzung: Für eine asiatische Variante: Ingwer und Knoblauch mit anbraten und mit Sesam bestreuen.

Tipps gegen Heißhungerattacken

Heißhunger kann eine echte Herausforderung sein – besonders, wenn du bewusst auf eine gesunde Ernährung achtest und neue Gewohnheiten etablierst. Doch mit den richtigen Strategien kannst du Heißhunger vorbeugen und kontrollieren. Hier sind zehn effektive Tipps, um dein Verlangen nach ungesunden Snacks in den Griff zu bekommen.

1. Regelmäßige Mahlzeiten einplanen

Lange Essenspausen lassen den Blutzuckerspiegel absinken – das kann zu plötzlichem Heißhunger führen.

- Plane drei ausgewogene Hauptmahlzeiten und zwei gesunde Snacks pro Tag ein, um deinen Energiehaushalt konstant zu halten.

Halte dich an feste Essenszeiten, damit dein Körper eine gleichmäßige Versorgung erhält.

2. Mehr Proteine & Ballaststoffe essen

Proteine und Ballaststoffe sorgen für ein langanhaltendes Sättigungsgefühl und helfen, Blutzuckerschwankungen zu vermeiden.

- Proteinreiche Lebensmittel: Linsen, Tofu, pflanzliche Joghurtalternativen, Nüsse.
- Ballaststoffreiche Lebensmittel: Vollkornprodukte, Obst, Gemüse, Chia- oder Leinsamen.

3. Genug trinken

Durst wird oft mit Hunger verwechselt – ein häufiger Auslöser für unnötiges Snacken.

- Trinke mindestens 1,5–2 Liter Wasser pro Tag (bei Sport oder Hitze entsprechend mehr).
- Ein Glas Wasser vor den Mahlzeiten kann helfen, das Hungergefühl zu regulieren.

4. Gesunde Snacks vorbereiten

Wenn Heißhunger zuschlägt, greife zu nährstoffreichen Alternativen statt zu stark verarbeiteten Süßigkeiten.

- Gesunde Optionen: Nüsse, frische Gemüsesticks, Obst oder selbstgemachte Energiebällchen aus Haferflocken und Datteln.

5. Stress reduzieren

Heißhunger wird oft durch Stress oder Emotionen ausgelöst. Finde gesunde Wege zur Stressbewältigung.

- Hilfreiche Methoden: Meditation, Atemübungen, Yoga oder ein Spaziergang an der frischen Luft.
- Ein Tagebuch kann dir helfen, emotionale Auslöser für Heißhunger zu erkennen und alternative Strategien zu entwickeln.

6. Ausreichend schlafen

Schlafmangel bringt deine Hungerhormone aus dem Gleichgewicht und verstärkt das Verlangen nach süßen oder fettigen Lebensmitteln.
- Ziel: Sieben bis acht Stunden Schlaf pro Nacht, um deinen Körper optimal zu unterstützen.

7. Achtsam essen

Schnelles, unachtsames Essen kann dazu führen, dass du mehr isst, als dein Körper eigentlich braucht.
- Iss langsam und bewusst, damit dein Körper das Sättigungsgefühl rechtzeitig wahrnimmt.
- Vermeide Ablenkungen wie Fernsehen oder das Handy während der Mahlzeiten.

8. Ungesunde Trigger reduzieren

Wenn ungesunde Snacks leicht verfügbar sind, ist die Versuchung größer.
- Reduziere den Vorrat an stark verarbeiteten Lebensmitteln und Süßigkeiten zu Hause.
- Halte gesunde Alternativen bereit, um spontane Gelüste zu stillen.

9. Natürliche Süßigkeiten nutzen

Lust auf etwas Süßes? Greife zu natürlichen Alternativen.
- Statt Schokolade: Äpfel, Beeren oder Bananen mit Mandelmus oder Zimt.
- Dunkle Schokolade (ab 85 % Kakao) kann eine gute Alternative zu stark verarbeiteten Süßigkeiten sein.

10. Heißhunger bewusst einplanen

Ein vollständiger Verzicht kann das Verlangen nach Süßem noch verstärken.
- Erlaube dir gelegentlich eine kleine Portion deiner Lieblingsnascherei, um Heißhunger vorzubeugen.
- Plane bewusste Genussmomente ein, anstatt unkontrolliert zu snacken.

Fazit

Heißhungerattacken sind völlig normal.

138

Tipps für langfristigen Erfolg

Der Schlüssel zum nachhaltigen Erfolg liegt nicht darin, alles perfekt zu machen – sondern dranzubleiben. Hier sind fünf bewährte Strategien, mit denen du deine neuen Gewohnheiten dauerhaft in deinen Alltag integrieren kannst:

1. Setze dir realistische Ziele

Große Veränderungen beginnen mit kleinen Schritten.
Brich größere Ziele in erreichbare Meilensteine herunter, damit du kontinuierlich Erfolge siehst.
Feiere jede kleine Verbesserung – sie summieren sich über die Zeit!

2. Bleibe flexibel

Dein Alltag wird sich immer wieder verändern – und das ist völlig in Ordnung!
Passe deine Routinen an, wenn nötig, und finde neue Wege, um deine Gewohnheiten beizubehalten.
Sieh Herausforderungen als Chancen zur Weiterentwicklung, nicht als Hindernisse.

3. Feiere deine Erfolge

Jeder Fortschritt zählt – egal, wie klein er ist!
Anerkenne deine Leistung bewusst, sei stolz auf dich und belohne dich auf gesunde Weise.
Setze dir kleine „Meilenstein-Belohnungen", z. B. ein neues Sportoutfit oder einen entspannten Wellnesstag.

4. Bleibe geduldig & liebevoll mit dir selbst

Veränderungen brauchen Zeit – erwarte nicht, dass alles sofort perfekt läuft.
Rückschläge sind völlig normal. Wichtig ist, dass du danach weitermachst.
Vertraue deinem Prozess und sei nachsichtig mit dir selbst.

5. Plane voraus

Vorausplanung reduziert Stress und erleichtert die Umsetzung deiner Ziele.
Erstelle einfache Essenspläne, lege feste Trainingszeiten fest und bereite dich auf herausfordernde Situationen vor.
Nutze eine To-Do-Liste oder einen Wochenplan, um deine Gewohnheiten aktiv zu gestalten.

Meal-Prep-Tipps:
Wie du Mahlzeiten effizient vorbereitest

Meal-Prep ist der Schlüssel zu einer gesunden Ernährung im Alltag. Mit der richtigen Planung sparst du nicht nur Zeit, sondern stellst sicher, dass du immer eine nahrhafte Mahlzeit griffbereit hast.

1. Planung ist alles

Erstelle einen Wochenplan mit deinen Mahlzeiten.
Schreibe eine detaillierte Einkaufsliste, die sich an den geplanten Rezepten orientiert.
Plane Gerichte, die sich gut vorbereiten und lagern lassen.
Schneide Gemüse im Voraus und lagere es separat in Boxen oder verschließbaren Beuteln, damit du es jederzeit griffbereit hast.
Bereite Soßen oder Dressings im Voraus zu, um deine Mahlzeiten geschmacklich aufzupeppen

2. Multitasking in der Küche

Nutze Kochzeiten clever: Während Quinoa oder Reis kocht, kannst du Gemüse schneiden, Dressings vorbereiten oder Snacks für die Woche portionieren.
Backe mehrere Zutaten gleichzeitig im Ofen (z. B. Gemüse und Tofu), um Energie und Zeit zu sparen.

3. Flexibilität bewahren

Bereite Mahlzeiten so vor, dass sie flexibel bleiben: Bewahre einzelne Komponenten wie Getreide, Gemüse und Dressings separat auf und kombiniere sie erst kurz vor dem Essen. So kannst du spontan entscheiden, worauf du Lust hast!
Nutze verschiedene Gewürze oder Soßen, um ähnliche Zutaten geschmacklich abwechslungsreich zu gestalten.

4. Ein Tag für Meal-Prep

Plane 2–3 Stunden an einem freien Tag ein, um Mahlzeiten für mehrere Tage vorzubereiten.
Bereite Snacks wie Energiebällchen, Nussmischungen oder Joghurt-Alternativen vor, um gesunde Alternativen für unterwegs zu haben.
Stelle sicher, dass du genügend Behälter hast, um alles ordentlich zu verstauen.

Rezeptsammlung: Von der ersten Woche

Frühstück:

Seite 14. Bowl mit Haferflocken und Beeren
Seite 18. Chia-Pudding mit Mango
Seite 22. Smoothie-Bowl mit Banane und Spinat
Seite 27. Overnight - Oats mit Apfel und Zimt
Seite 31. Porridge mit Birne und Nüssen
Seite 35. Smoothie mit Beeren und Spinat
Seite 40. Pancakes mit Kokosmehl

Mittagessen:

Seite 15. Quinoa-Gemüse-Bowl
Seite 19. Gemüsepfanne mit Tofu
Seite 23. Kichererbsensalat mit Tahini-Dressing
Seite 28. Curry mit Süßkartoffeln und Spinat
Seite 32. Zoodles mit Avocado-Pesto
Seite 36. Gemüse-Curry mit Basmatireis
Seite 41. Linsensalat mit Cranberries

Abendessen:

Seite 16. Linsensuppe mit Kokosmilch
Seite 20. Süßkartoffel aus dem Ofen mit Avocado-Dip
Seite 24. Würziger Blumenkohlreis mit Erbsen & Ingwer
Seite 29. Gefüllte Paprika mit Quinoa
Seite 33. Ofengemüse mit Kichererbsen
Seite 37. Ofengemüse mit Tahinidressing
Seite 42. Suppe mit Karotte und Ingwer

Rezeptsammlung:
Von der zweiten Woche

Rezeptsammlung:
Von der dritten Woche

Frühstück:

Seite 76. Chia-Pudding mit Beeren
Seite 80. Overnight-Oats mit Apfel und Zimt
Seite 84. Buchweizen-Porridge mit Beeren
Seite 85. Smoothie-Bowl mit Beeren und Nüssen
Seite 92. Overnight Oats mit Himbeeren
Seite 96. Bananen-Pancakes mit Beeren
Seite 100. Grüner Power-Smoothie

Mittagessen:

Seite 77. Quinoa-Bowl mit Kichererbsen und Avocado
Seite 81. Linsensalat mit Rucola und Tomaten
Seite 85. Kichererbsen Avocado-Salat mit Tomaten & Sesam
Seite 89. Süßkartoffel Quinoa-Bow
Seite 93. Bulgur-Salat mit Kichererbsen
Seite 97. Linsensalat mit Gemüse
Seite 101. Brokkoli-Salat mit Sonnenblumenkernen

Abendessen:

Seite 78. Süßkartoffel-Wedges mit Tahini-Dip
Seite 82. Gebackener Blumenkohl mit Tahini-Dip
Seite 86. Gebackene Süßkartoffeln
Seite 90. Zucchini-Nudeln mit Tomatensauce
Seite 94. Auberginen Röllchen mit Cashew-Füllung
Seite 98. Gefüllte Paprika mit Quinoa
Seite 102. Cremige Karotten-Kokos-Suppe mit Ingwer

Rezeptsammlung: Von der vierten Woche

Über mich – Mein Weg zur Veränderung

Mit 74 Kilo fühlte ich mich nicht mehr wohl in meinem Körper. Ich wollte etwas ändern, doch die große Frage war: <u>Wo fange ich an</u>? Welche Lebensmittel sind gesund, aber gleichzeitig bezahlbar? Und wie kann ich Sport in meinen Alltag integrieren, ohne ins Fitnessstudio zu müssen?

Also begann ich, nach gesunden Rezepten und einfachen Sportübungen für zu Hause zu suchen. Doch schnell merkte ich, dass nicht nur gesunde Ernährung und Bewegung wichtig sind – meine Motivation ließ oft nach, und ich fragte mich, warum.

Auf meiner Suche nach Lösungen stieß ich auf einen entscheidenden Faktor: <u>Stress</u>. Ich erkannte, dass Stress nicht nur meinen Alltag belastete, sondern sogar mein Abnehmen blockierte. Also begann ich, bewusster mit Stress umzugehen, meine Routinen anzupassen und Meditation in mein Leben zu integrieren.

Dabei entdeckte ich auch die Kraft der <u>Affirmationen</u> – positive Glaubenssätze, die meine Einstellung und mein Mindset nachhaltig veränderten. Schritt für Schritt purzelten die Kilos, und gleichzeitig veränderte sich meine Lebenseinstellung zum Positiven.

Ich habe etwa sieben bis acht Monate gebraucht, um 14 Kilo abzunehmen – und genau das hat mir gezeigt, dass langsames, <u>nachhaltiges Abnehmen gesünder ist</u> als schnelle Diäten. In dieser Zeit habe ich viel gelernt: Abnehmen ist <u>mehr als nur Ernährung und Sport</u>. Es geht auch um das richtige Mindset, um Geduld und darum, liebevoll mit sich selbst umzugehen.

Deshalb habe ich genau diese Methoden – eine Kombination aus gesunder Ernährung, alltagstauglichem Sport, Stressbewältigung, Meditation und Affirmationen – in mein Buch aufgenommen. Ich habe gelernt, dass nachhaltige Veränderungen nicht nur auf Ernährung oder Bewegung beruhen, sondern auch auf der inneren Einstellung. <u>Wenn Körper und Geist im Einklang sind, fällt es viel leichter, langfristig dranzubleiben.</u>

Viele Menschen haben den gleichen Wunsch nach Veränderung, stehen aber vor denselben Fragen, die mich damals beschäftigten. Deshalb habe ich all meine Notizen, Rezepte und Übungen in diesem Buch zusammengefasst – <u>um dir den Einstieg zu erleichtern und dich auf deinem eigenen Weg zu unterstützen.</u>

S. Dulcamara

Notizen

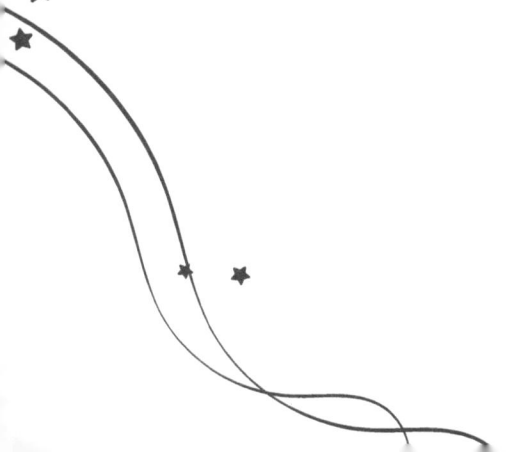